浙江省习近平新时代中国特色社会主义思想研究中心省委党校基地研究成果
"社科赋能山区 26 县（跨越式）高质量发展行动"研究成果

浙江山区县共同富裕新路径

中共浙江省委党校　编著

浙江工商大学出版社
ZHEJIANG GONGSHANG UNIVERSITY PRESS
·杭州·

图书在版编目(CIP)数据

浙江山区县共同富裕新路径 / 中共浙江省委党校编著. — 杭州：浙江工商大学出版社，2022.7
ISBN 978-7-5178-4991-9

Ⅰ. ①浙… Ⅱ. ①中… Ⅲ. ①县－共同富裕－浙江－文集 Ⅳ. ①F127.55－53

中国版本图书馆 CIP 数据核字(2022)第 097386 号

浙江山区县共同富裕新路径
ZHEJIANG SHANQUXIAN GONGTONG FUYU XIN LUJING

中共浙江省委党校 编著

出 品 人	鲍观明
责任编辑	吴岳婷
责任校对	穆静雯
封面设计	朱嘉怡
责任印制	包建辉
封面摄影	朱宏亮
出版发行	浙江工商大学出版社
	(杭州市教工路 198 号　邮政编码 310012)
	(E-mail:zjgsupress@163.com)
	(网址:http://www.zjgsupress.com)
	电话:0571 - 88904980,88831806(传真)
排　　版	杭州朝曦图文设计有限公司
印　　刷	杭州高腾印务有限公司
开　　本	710mm×1000mm　1/16
印　　张	11.75
字　　数	180 千
版 印 次	2022 年 7 月第 1 版　2022 年 7 月第 1 次印刷
书　　号	ISBN 978-7-5178-4991-9
定　　价	48.00 元

编 委 会

目　录

生态功能区的先行者

——淳安县跨越式高质量发展路径研究

中共淳安县委党校

2019 年,经浙江省人民政府批复,淳安县成为特别生态功能区。三年来,淳安县委、县政府有序推进特别生态功能区建设保护工作,转变生态功能区管理体制机制,加快生态工业转型,努力推动居民增产增收,已初具成效。本文对淳安县特别生态功能区建设的先行经验进行总结,并思考了进一步发展的路径。

一、淳安特别生态功能区建设现状

(一)《2021 年淳安特别生态功能区建设保护措施清单》有序推进

杭州市生态环境局制定的《2021 年淳安特别生态功能区建设保护措施清单》包含水权交易的相关研究,涉及 24 项任务,5 项已基本完成。《杭州市淳安特别生态功能区条例》涉及的安徽省和浙江省两个界站的危化品运输人工检查、4 个污染防治五年度实施计划、松材线虫病除治工作和剩余 19 项任务都按时间节点有序推进。

(二)《2021 年市级支持淳安特别生态功能区建设政策措施清单》逐步落实

杭州市规划资源局制定的《2021 年市级支持淳安特别生态功能区建设政

1

策措施清单》涉及 73 项任务,25 项已基本完成,47 项按时序推进。1 项因国家和省级政策待明确,尚未正式启动。其中,资金保障类项目为 31 项,总计金额 25188 万元,截至 2021 年 7 月底,已实际拨付各类专项资金 19340.7 万元,其余项目杭州市各市级部门正与淳安县积极对接,或正在行文、申报过程中;政策支持类项目为 42 项,目前已完成 8 项:骑龙巷已成功创建省级文化创意街区,市县留存水资源费已明确返还形式,淳安区域范围内的工业用地出让面积与出让占比不做考核要求,淳安标普医药公司已纳入全省药品异地储存配送试点,杭州市总工会对淳安建档困难职工家庭发放送温暖慰问金,下姜村列入第三批省未来社区试点,市环科院已将淳安作为背景点纳入大气污染防控研究对象,杭州市人才办已降低淳安企业人才享受"四项待遇"的纳税门槛。根据杭州市人大常委会第一百三十次会议精神,在 2021—2025 年,杭州市财政局每年安排直接预算 2.5 亿元用于淳安强村富民和环保再提升。

(三)淳安特别生态功能区建设初建成效

一是明确了特别生态功能区管理体制、财政体制等重大问题,立法工作顺利推进。生态功能区探索生态产品高水平转化机制,被列入全省县级生态系统生产总值核算试点,生态系统价值居全省首位。二是建成全国首个"生态资源生产经营公司"数字驾驶舱,挂牌成立全市首家"生态资源生产经营公司"实体化运营平台,组建县级"绿水青山就是金山银山"生态资源经营开发有限公司和 13 家乡镇分公司。深化农村产权制度改革,创新推出农林业综合经营权证质押融资模式。三是临湖整治成果持续巩固提升。收回项目后续综合利用加快推进,逸和源项目转化成"绿水青山就是金山银山"高层次人才集聚区,24 个科研机构和专家团队入驻。四是生态工业加快转型。坚定做强水饮料产业,氢功科技、丹然饮用水等个性化水产品项目建成投产,实现水饮料产业主营业务收入 86.98 亿元。推进"飞地经济"发展,"3+X"空间布局正式落地。

二、淳安特别生态功能区建设面临的困境

(一)经济总量小,财政缺口较大

对照《浙江省山区 26 县跨越式高质量发展实施方案(2021—2025 年)》要求,淳安经济总量偏小、深绿产业发展受约束较多等问题仍比较突出,新旧动能转化亟须加快。2020 年淳安一般公共预算收入 22.77 亿元,财政支出 76.68 亿元,地方财政收支缺口很大。

(二)受土地制约,发展空间受限

淳安特别生态功能区要求确保县域生态空间面积控制在 85% 以上、城镇空间控制在 3% 以下,县域高质量发展的强烈诉求与土地空间严重受限的矛盾凸显。县域 87.73% 的国土面积都为二级以上饮用水源保护区,80.05% 的国土面积已划入生态保护红线,省市下达的新增建设用地指标"只减不增","多规不符"导致项目前期协调难、落地难,尤其是经营性项目用地保障非常困难,产业发展空间受限。目前,淳安没有省、市级经济开发区,不利于产业的招商引资,导致企业的数量较少、规模小,财政税收总量较低。

(三)产业规模小,居民增收疲软

生态产业价值高、品质高,但产业高端要素集聚不足。淳安生态产业转化经济价值的效率低,新旧动能接续转化率不高,"大、好、高"产业项目储备较少。

淳安农业产业规模较小,品牌效应较弱。淳安的农业生态特色产业如中药材、山核桃等没有形成现代化的龙头企业,农业经济总量较小,农民有待进一步增收致富。

(四)民生存短板,互通互联不足

淳安特别生态功能区建设在城乡基础设施、民生保障以及公共服务等方

面还存在明显短板。县内外交通通达水平仍不高,与长三角一体化和交通强省建设要求还有差距。县域内还有多个连片乡镇尚未有高速公路通达,县域内交通骨干网的高等级公路密度仍然较低,全域"点状空间"间互联互通能力不足,乡村交通不够通畅。

(五)生态保护严,保障没有落地

生态水质保护要求日益提高,水权飞地交易推进缓慢。随着特别生态功能区建设的深化,县域发展空间受到进一步限制,在水质保护成本继续攀升的同时,生态补偿政策力度稍显不足,市场化通道与机制都有待开拓创新。水权交易开展尚未获得省、市主管部门支持。嘉兴等地的"生态飞地"尚未落地。

三、未来淳安特别生态功能区建设的路径思考

(一)完善机制,促进淳安特别生态功能区建设

一是淳安要认真落实《杭州市淳安特别生态功能区条例》,全面推进"多规融合",加快构建以水功能区为主体的国土空间规划体系。根据相关批示和《关于支持淳安县跨越式高质量发展的若干举措》文件精神,协调各级部门,在充分考虑淳安县地域面积广、地理情况复杂的实际情况前提下,科学合理勘定淳安生态红线、水环境功能区、自然保护地,推动矢量数据精准落位。二是加快实施省、市生态产品价值实现机制。积极参与新安江—千岛湖生态补偿试验区建设,完善饮用水源地生态补助省市县三级共担机制。探索创新优质水资源价值机制实现路径,争取提高水量分配比例和水权份额,建立市场化和受益地财政补偿相结合的多元化补偿机制。

(二)建立市级专班,推动嘉兴"飞地"的落地

浙江省政府研究制定的《淳安特别生态功能区建设框架方案》中明确提

出支持淳安在嘉兴市建设山海协作"消薄飞地"。建议杭州市委和市政府组建工作专班,加强对接协调,尽快明确淳安与嘉兴的合作模式,确定"飞地"的位置、范围、面积和相关特别机制等事项,加快"飞地"落地。建议省政府制定相关文件,明确引水用途。

(三)完善落实民生政策支出分级负担机制

淳安建设特别生态功能区对民生保障和公共服务提出了更高要求,其与淳安财力薄弱的矛盾更为突显。淳安基本医保市级统筹、城乡居民养老保险基础养老金和低保等民生标准的提标资金压力大,经初步测算,医保市级统筹后基金累计赤字 3.53 亿元,城乡居民养老保险基础养老金当年提标新增资金 0.84 亿元。建议杭州市委、市政府根据 2020 年印发的《关于建立淳安特别生态功能区财政体制政策的通知》中的"淳安县民生政策支出,按照谁出台、谁提标、谁承担的原则,由省市县分级负担。对杭州市新出台的民生方面政策以及现行政策提标的,由杭州市财政承担"要求,在现有的 1.25 亿元之外,加大对淳安的民生保障力度,市级要求的民生提标增支部分由市财政给予全额保障。

(四)制定特别生态功能区农业专项资金管理办法

2021—2025 年,杭州市农业农村局每年倾斜 1 亿元用于淳安农业项目建设,对于淳安农业农村领域发展有一定促进作用。建议杭州市委、市政府支持在市级层面制定或批复同意关于淳安特别生态功能区建设中农业专项资金的管理办法,对公益、公用、收益归乡镇村或者用于消薄增收的项目,按政府投资项目管理,给予 100% 补助。同时,按照市主管部门下达的投资额度和使用方向,将特别生态功能区建设农业专项项目立项权限下放至淳安,以便早谋划、早立项、早实施、早见效,切实提高资金使用绩效。

(五)促进水源地保护成本与供水价格匹配

千岛湖已成为下游 1300 万人的饮用水源地,淳安为保护一流生态环境和水质,环保投入力度持续加大。《浙江省水资源条例》第 15 条规定:"水资源配置工程供水价格应当优水优价,体现水源区水源涵养、水生态保护、水环境整治等投入。"《杭州市第二水源千岛湖配水供水工程管理条例》第 6 条规定,市政府应当"建立公平公正、权责一致、奖惩与生态保护目标完成情况相挂钩的千岛湖水环境生态保护补偿机制"。建议浙江省政府和杭州市政府在自来水价格调整方案中,按 1 元/吨的标准体现淳安县水源地保护成本,通过水价调节鼓励全社会参与饮用水源保护,以体现优水优价、共保共享。

(六)支持与城西科创大走廊等平台产业协作

淳安特别生态功能区的建设和发展空间面临多方面限制,建议杭州市委、市政府根据《关于支持淳安县跨越式高质量发展的若干举措》精神,尽快协调市级相关部门,明确市级责任部门,支持淳安经济开发区、高铁新区区块参照滨富特别合作区模式,加强与城西科创大走廊等平台的产业协作,建立干部交流、人员互派机制,探索"统一招商、合作运营、收益分享"的新模式。

(七)深化区域合作,开展生态文化旅游协作行动

淳安建设特别生态功能区要主动融入浙皖闽赣生态旅游协作区和杭黄世界级自然生态和文化旅游廊道建设。一是依托"名城—名江—名湖—名山—名镇—名村"国际黄金旅游线,整合四省廊道沿线资源,打造淳安生态旅游特色产品。二是融入"浙皖闽赣国家生态旅游协作区"。依托杭黄高铁、千黄高速等,实现浙皖闽赣四省牵手,构建华东地区新的旅游线路,实现旅游跨区域深度融合。三是推进长三角区域文旅体一体化发展。淳安要加强与长三角区域内城市合作,探索长三角旅游一体化联盟运作模式,共同策划跨区域旅游线路,联合建设标准化的长三角区域旅游服务体系。四是深化"杭州都市圈"文旅体合作。与浙江衢州、安徽黄山和宣城等城市深入合作,共建都市圈重大项目库、数字化旅游平台,在全国市场推广实施都市圈客源互送计划。

余晓峰

把好生态底色　提升发展成色

——永嘉县跨越式高质量发展路径研究

中共永嘉县委党校

永嘉县地处浙南,山清水秀,是浙江第四大县,也是全国首批沿海对外开放县、中国文化旅游大县、中国千年古县、浙江老革命根据地县。永嘉山地多、平原少,制约高质量发展的瓶颈较为突出。当前,山区能否实现跨越式高质量发展,事关现代化先行和全省高质量发展建设共同富裕示范区全局。对此,本文聚焦永嘉实际,探索发展现状,把脉问题所在,并提出对策建议,为开辟山区县发展新格局提供思路与路径。

一、永嘉经济社会发展现状

近年来,永嘉经济社会发展态势稳中向好。据统计,2020 年实现全县生产总值 461.89 亿元,按可比价计算(下同),比上年增长 3.7%。截至 2020 年末,全县共有 30.18 万户,总人口 98.83 万。在全省山区 26 县实绩考核中,连续 4 年位居前三,跻身全国"绿水青山就是金山银山"发展百强县、全国投资潜力百强县。具体来看:一是产业结构不断趋优。2020 年,第一产业增加值 17.23 亿元,同比增长 2.3%;第二产业增加值 195.58 亿元,同比增长 3.1%;第三产业增加值 249.08 亿元,同比增长 4.4%。国民经济三次产业结构优化为 3.7:42.3:53.9,第三产业比重比上年提高 0.6 个百分点。二是城乡发展同频共振。聚焦沿江城市、山区中心城镇等重点板块,城乡统筹不断推进。

2020 年,全县常住人口城镇化率为 66%,城乡居民基本养老保险参保人数 37.3 万,城乡居民基本医疗保险参保人数 69.66 万。三是居民收入平稳提升。2020 年,全县居民人均可支配收入 41560 元,全县居民人均生活消费支出 26341 元。按常住地分,城镇居民人均可支配收入 51810 元,比上年增长 4.7%;农村居民人均可支配收入 26388 元,比上年增长 7.5%。四是生态立县一以贯之。2020 年,全县 $PM_{2.5}$ 均值 24μg/m³,全县空气优良率 99.7%,县级以上集中式饮用水源地水质达标率 100%,全县规模以上工业能耗总量同比下降 9.7%,摘得"国家生态文明建设示范县"等荣誉。五是民生福祉不断增进。永嘉围绕以人为核心的新型城镇化方向,不断提升民生品质。比如,率先打造"产教融合、中高职一体化"的温职院永嘉学院,顺利签约温州市中心医院永嘉院区合作共建等。2021 年上半年,县财政民生支出占比达 76.3%。

二、永嘉经济发展中存在的问题

永嘉地理条件的先天因素决定了沿江地区与山区发展的悬殊,其发展的主要短板体现在以下几个方面。

一是产业转型升级面临压力。传统产业占了县域经济的半壁江山。在提前实现"碳达峰"的背景下,产业数字化、数字产业化进程仍需加快,特别是重大产业平台、科技创新支撑还不够有力,新经济、新业态、新模式发展仍需提速,尤其是工业园区"厂中厂""低散乱"等现象仍不同程度存在,能耗"双控"面临较大压力。

二是城乡发展不平衡不充分。目前,永嘉人均生产总值、人均一般公共预算收入、人均一般公共预算支出还低于全省的平均水平。沿江、山区板块的教育、医疗等公共服务设施分布不均,医疗、教育和高端消费外流现象较为明显。如医疗资源方面,2020 年千人医生数、护士数、床位数分别为 3.20、2.61、3.40,均低于全省平均水平。

三是制约发展的瓶颈突出。永嘉素有"八山一水一分田"之称,人均耕地面积仅 0.6 亩,山区又受制于环境保护而不能布局工业,工业用地特别是可供连片开发的土地极度紧缺。在未来新增土地供应方面,全县可供连片开发的工业用地约 2000 亩,但用地需求达 5000 多亩,很多企业"一地难求",用地成本"水涨船高"。

四是县域治理基础有待夯实。永嘉的宗族、宗派、宗教"三宗"问题较为突出,社情、民情、舆情"三情"较为复杂,在房地产建设、城中村改造等过程中产生利益诉求的群体持续活跃。比如,近五年来,永嘉县累计启动城中村改造项目 32 个、共涉及 1.45 万户,已拆除面积 332.7 万平方米,均创历史之最,涉及利益相关群体较大,存在一定维稳压力。

三、永嘉跨越式高质量发展的路径设想

永嘉是温州民营经济的重要发源地,是温州生态的"绿心",也是中国工农红军第十三军的策源地,地位特殊。要置身于共同富裕的时代场景,释放"一县一策"政策红利,在高质量跨越式发展新赛道上从"跟跑者"向"竞跑者"转变,既要定位永嘉看永嘉,又要跳出永嘉来发展永嘉。

(一)聚焦缩小地区差距,构筑新增长极

要缩小地区差距,"扬己之长补己之短",实现生态底色、民营经济成色的最大价值,就要做到以下几点。一是坚持全域统筹。提升投资增速、项目进度、政策支撑度,主动对接温州都市区主中心定位,着力推进空间体系重塑、平台体系重塑、创新体系重塑、交通体系重塑,聚焦存量提升、低效整合、"腾笼换鸟"等举措,深化工业全域治理。二是坚持产业升级。产业强县是高质量发展的内在支撑。要在"生态经济化"上持续做文章,点燃绿色发展"引擎",突出提升富硒农产品的附加值。要在"经济生态化"上跃上新台阶,推动传统产业高端化、数字化、链条化、规模化,加快构建制造业高质量发展新优势。三是坚持"山海协作"。打造"山海协作"升级版,推动政策制度集成、数字化系统集成、帮促力量集成,如通过流转荒地,布局建设产业、科创、消薄三

类"飞地",不断拓宽永嘉山区要素循环的"出海口",打开山区县开放发展的新空间。

(二)聚焦城乡融合发展,重塑乡村魅力

城乡融合发展是拓展高质量发展空间的强劲动力。实现进一步现代化,最大的潜力就在乡村,因此,要畅通城乡要素自由流动,实现城乡互补、城乡协同。一是释放"人"的活力。用好省、市"下沉人才"各项政策优惠,在省级重大人才项目中对山区人才适当放宽申报资格条件,不设申报指标限制。充分发挥山区县人才"引育留管用"的自主权,以"人才飞地"为抓手,深化创新共同体建设,激发主体活力。二是激发"产"的动力。延伸产业链、提升价值链、完善供应链,稳步推进"工业产业链""工业+""农业+""文旅+"战略,既要抓好"点",打造产业融合示范区,也要连好"线",建设永嘉产业全链条,推动工、农、文、旅深度融合发展。三是激活"地"的潜力。全域推进"三权分置"改革,探索实现农村集体经营性建设用地入市,建立完善城乡建设用地流转的统一市场机制。挖掘永嘉县内富硒土地等自然资源优势,探索富硒种养与休闲研学结合的复合型产业,促进生态产品价值实现。

(三)聚焦社会深层治理,提升发展成色

跨越式高质量发展的成果,最终体现在群众的幸福感、获得感上。要围绕高质量发展,切实抓好公共服务供给,补齐民生领域短板,用民生底色彰显高质量发展成色。一是重智治,抓好数字变革。探索建设"整体智治"现代政府,推进社会、法治等领域数字化,做好补链、延链、扩链、强链文章,不断完善以改革促进高质量发展的体制机制,大力优化营商环境,打造政策高地,推动发展路径向融入大局跨越。二是补短板,抓好公共服务。以完善人的全生命周期民生服务为导向,推进公共服务均等化,探索建设为老服务综合体,大力发展"银发经济"等。擦亮"中国山水诗的摇篮"、永嘉学派和楠溪江宋文化等金名片,推动发展成果向普惠共享转变。三是固底子,抓好县域治理。突出落实现代化治理的关键性举措、创新性机制、牵动性载体,推进系统治理、依法治理、综合治理、源头治理,系统解决机制架构、职能转变、社会协同、公众

参与等方面的问题,实现县域治理要素的深度融合。

四、永嘉实现跨越式高质量发展的对策建议

当前,山区县正迎来新一轮政策支撑和机遇风口,新发展阶段,必须清晰定位,扬长补短,深度融入长三角一体化,知"势"谋"事",努力实现"弯道超车"甚至"变道超车"。就永嘉未来发展而言,结合调研思考,本文提出如下建议。

(一)主动融入,拉开框架,打开高质量发展新空间

围绕温州大都市区主中心的定位,以大都市区的思维和标准谋划推进未来城市建设,着力打造以"人本化"为核心、"生态化"为特色、"数字化"为路径的温州北部现代生态都市新区。一是加快撤县设区步伐。对照《温州市国民经济和社会发展第十四个五年规划和二〇三五年远景目标纲要》,向上争取支持,推动永嘉整体撤县设区取得实质进展,更好地实现优势资源同城共享。二是推进重点板块提升。城市要向温州"一主两副"集中,合理增加城市建设用地规模,提升人口、产业等核心资源承载力,抓好乌牛、峙口、桥头、桥下等工业园配套建设,农业空间要重点保障集中连片、配套设施完善的优质耕地,推进"批而未供""供而未用"土地清理。三是打造综合交通枢纽。深入推进"5151"交通战略,提升对外交通能力,加快跨江通道布局,提升与温州同城化发展的紧密度,重点抓好杭温高铁永嘉段、温州北站、温州轨道交通 M1 线永嘉段等项目建设,以完善的交通圈织密物流圈、拓展都市圈、融入经济圈。

(二)产业强县,融合互补,增强高质量发展竞争力

以新时代"两个健康"先行区创建为引领,把发展经济的着力点放在实体经济上,抓实一二三产业高质量融合发展。一是加快支柱产业全链条化。按照"扶持一批、鼓励一批、引导一批"的原则,培育龙头企业,引导泵阀、鞋服、教玩具等支柱产业建立抱团意识,抢抓永嘉泵阀产业集群新智造试点有利契

机,充分利用兰州理工大学温州泵阀工程研究院、永嘉泵阀学院等平台资源,建立泵阀金融定向扶持政策体系。二是推动乡村振兴绿色跨越。开辟"绿水青山就是金山银山"价值转换通道,将大健康产业作为推动区域发展新的经济增长点。坚持产业与生态相同而行,探索推广"林下经济""点状开发""矿地结合""一乡一品"等新模式,复制永嘉源头村成功案例,构筑"农业+"多业态融合的产业体系。三是放大文旅融合富民效应。在保护好楠溪江水源的前提下,打造长三角一流的山水田园休闲度假旅游目的地,打好复兴枫林千年古城、建设楠溪江游客集散中心、规划瓯江山水诗路等系列"组合拳",实现以项目引领、以文化赋能、以旅游兴县。

(三)服务供给,基建配套,提升高质量发展获得感

县域跨越式高质量发展,最终是为了更好地满足人民对美好生活的新期望,不断提升人民群众的获得感、幸福感、安全感。一是做深数字变革。围绕打造"5311"现代制造业千亿级产业集群目标,以工业全域治理为载体,探索实施"产业大脑+未来工厂"等新模式。深化泵阀行业产业大脑建设,以产值、用工、订单、亩均效益等数据为基础,探索构建重点泵阀企业数据监控平台,加快形成块状经济集群效应。二是做细服务供给。围绕教育文化、医疗服务、养老保障、政务服务等领域强化公共服务,配套建设污水管网工程、工业垃圾处理站,降低中小企业环保成本;深入实施"文化+"战略,建立永嘉学派研究院,综合展示永嘉城市风貌和历史文化展馆等,守好永嘉历史文脉。三是做实基层治理。围绕基层矛盾化解、村社组织功能发挥、微网格微治理、小微权力监管、基层依法治理等方面做好文章,细化微网格,探索构建"4+1+1+1+X"(即四平台、网格长、网格指导员、专职网格员、X 个微网格员)的运行框架,提升基层社会治理效能。

(四)政策倾斜,要素保障,激发高质量发展活跃度

当前,永嘉新旧动能转换全面起势,新项目的尽快建成,新动能的尽快见效,都有赖于一系列支撑要素的合理流动、有效集聚。一是在项目用地上实现有机扩容。提请增加年度林地定额,在矿地结合、坡地村镇建设以及永久基本农田、生态公益林的优化调整方面给予特殊政策支持,更好地实现"向山要地",拓宽用地空间,确保县内重大项目落地、优质企业扩产等不因土地供应而"卡壳"。二是在引才用才上灵活开放。招才引智是永嘉构筑战略优势的首要选择和最优路径,要紧扣园区技能人才高地建设,持续推进校地企地合作、产学研用协同创新等平台搭建,布局打造永嘉版"院士谷""人才客厅",探索从引进人才中推荐"两代表一委员"等,持续优化人才生态。三是在金融扶持上做加减法。围绕脱贫攻坚与乡村振兴有效衔接、民营和小微企业、主导产业、经济绿色发展及新型城镇化等县域重点领域做好金融支持工作,对园区有土地、厂房但未办理房产证的企业推行"抵押+保证"的贷款方式等,实现金融成本"减法"换发展"加法"。

刘开耿

强化数字赋能　富足精神家园

——平阳县跨越式高质量发展路径研究

中共平阳县委党校

平阳县是浙江省一大召开地、革命老根据地,实现跨越式高质量发展的率先突破在全省有特殊意义。为深入贯彻落实省市部署,平阳县以高度的政治自觉和行动自觉,提出"打造高质量发展建设共同富裕示范区 26 县标杆"的奋斗目标。本文围绕省市部署和相关方案要求,立足县情,提出了自己的路径思考。

一、平阳发展现状与主要问题

总体而言,对照共同富裕 7 大模块 56 项指标中的 48 项指标(56 项中有 8 项观察性指标不作量化),平阳县有 1/3 指标已经达到目标要求,主要集中在收入分配格局优化、公共服务优质共享、全域美丽建设等模块;约 1/3 指标预计"十四五"期间可达到要求,如城乡居民收入倍差、最低生活保障标准、单位 GDP 能耗、万人犯罪率等;剩余 1/3 难度较大,集中在经济高质量发展模块上。

一是对标经济高质量发展要求,地区差距依然突出。平阳底子薄,与先进地区差距较大,经济高质量发展模块 11 项评价性指标中,除 2 项未量化指标外,其他 9 项指标均远低于全省平均水平。人均生产总值:平阳的经济总量排在 26 县前列,但 2020 年平阳人均生产总值为 6.4 万元,在 26 县中相对靠后,而且全省人均生产总值为 10 万元,按照正常增长速度测算,到 2025 年平阳仅能达到 9.5 万元,与 13 万元的要求差距较大。全员劳动生产率:2020 年平阳全员劳动生产率为 11.26 万元/人,距离 2022 年 18.7 万元/人、2025 年 22 万元/人的目标值还有很大差距。平阳产业结构中传统产业占主导地位,效益偏低、能耗偏高、缺乏市场竞争力问题突出,能源"双控"背景下,产业转型需求尤为迫切,2020 年,平阳规上工业亩均税收为 25.5 万元,预计到 2025 年可达 30 万元,距离 2025 年时 37 万元的目标较远。居民人均可支配收入:2020 年,平阳居民人均可支配收入为 41730 元、全省居民人均可支配收入为 52397 元,到 2025 年要实现目标值 75000 元,几乎不可能。全县居民人均消费支出 26194 元,与全省平均数据的 31295 元有较大差距,完成 2022 年 34700 元的目标值压力较大。

二是对标区域协调发展要求,城乡差距依然突出。城乡区域协调发展的 7 项评价性指标中,主要有 3 项指标完成存在压力。常住人口城镇化率:2020 年平阳是 61.68%,远低于全省(70%)、全市(70.5%)的平均水平,完成任务难度较大。地区人均可支配收入最高最低倍差:据市级数据测算,温州地区人均可支配收入最高最低倍差为 2.28(鹿城 68545 元/泰顺 30046 元),与省里要求 2022 年就要达到 1.6 存在较大差距。3 个"1 小时交通圈"人口覆盖率:2020 年平阳为 68%,省里要求 2022 年达到 90%、2025 年达到 95% 以上,完成的可能性较低。从全县看,"东强西弱"情况比较突出,共同富裕的重点在西部,难点也在西部。全县 16 个乡镇里,东部 5 个乡镇(昆阳、鳌江、萧江、万全、海西)的固定资产投资、规上工业总产值、一般公共预算收入分别占全县的 76.1%、88.7%、82%。在基础设施与公共服务上,优质的教育、医疗资源也集中分布在东部。

三是对标全民共富要求,收入差距依然突出。虽然 4 项主要评价性指标预计基本能完成,但低收入农户仍然量大面广。目前,平阳有低收入农户 1.37 万户、2.19 万人,占全县户籍人口的 2.5%;温州当前有低收入农户 85557 户、14.12 万人,超过全省 1/5,而平阳占全市的 15.5%。平阳低收入农户在省市占比均偏高。尤其是西部山区,有劳动能力、弱劳动能力、无劳动能力的居民比例约为 2:2:6,比例严重失调,巩固前期脱贫攻坚成效的难度较大。

二、平阳"打造高质量发展建设共同富裕示范区 26 县标杆"的路径思考

当前,平阳正逢国家战略实施、省市重点扶持、县域发展态势良好三重叠加带来的战略机遇期,大量政策红利集中释放,平阳应抓住机会,推动经济转型和产业升级,努力打造"高质量发展共同富裕示范区建设"的县域样板。

(一)做经济转型升级的县域示范

一是建立产业支撑。坚持"工业强县"不动摇,加快培育形成"三大五百亿产业集群"(智能装备、新材料、时尚轻工),力争"十四五"末跻身全国综合实力百强县,以正威集团为依托建成全省首个"千亿级"山区工业县。二是建立项目支撑。继续坚持大抓项目、抓大项目,力争在人才资金等要素向发达地区、大城市集聚的背景下实现要素的逆向回流,持续做好招大引强工作。三是建立企业支撑。持续深化"两个健康"先行区创建,建立市场准入负面清单制度和政府诚信履约制度,打造优良营商环境;培大做强的同时,推动小微企业"专业化、精品化、特色化、高新化";培育夜间经济、网红经济、体验经济等新消费业态。

(二)做推动改革创新的县域示范

一是强化数字赋能。坚持问题导向、需求导向,使数字化改革贯穿高质量发展场景建设、机制创新等全过程,以数字思维加快推动治理变革、产业变革。二是强化科创赋能。依托省级科技孵化和产学研科创平台,加快创新主体培育,聚焦前沿技术、共性关键技术攻关和跨行业融合性技术研发,培育一批先进制造业集群和标志性产业链;以青科会平阳分会场为纽带,吸引更多科技成果和人才资源落地平阳。三是强化开放赋能。充分发挥平阳的跨境电商优势,以《区域全面经济伙伴关系协定》(RCEP)框架内国家、"一带一路"沿线国家为重点,用好跨境电商综试区等新兴渠道;积极探索直播带货、网红

直播等新业态,推动传统企业从价值链低端制造环节向"微笑曲线"两端延伸。

(三)做区域协同发展的县域示范

一是打通战略融入通道。发挥资源优势,在长三角一体化和粤闽浙沿海城市群建设等重大战略中找准切入点,借势借力推动平阳在更高更大平台上取得更大发展。二是打通绿水青山与金山银山的转化通道。激发旅游产业带动力,优化全域环境,完善旅游配套,推动文旅融合、农旅融合、红旅融合等,激活山海协作、生态旅游产业园、新乡贤等要素功能,把西部生态优势转化为发展优势。三是打通内外交流通道。以温州南部交通枢纽中心建设为主抓手,畅通东西、镇际、村际联通的微循环,全面融入 3 个"1 小时交通圈";尤其要加快推进瑞平苍高速建设,尽快结束平阳北港不通高速的历史。

(四)做收入分配优化的县域示范

一是构建先富带后富机制。引导先富带后富从"自发性"向"制度性""常态性"转变。如建立低收入农户契约型、分红型、股权型等利益联结机制;建立村慈善工作站,拓展慈善救助平台等。二是构建中等收入转化机制。构建"扩中提低"数据库并梳理公共政策工具箱,实施中等收入群体规模倍增计划;发展富民产业,如萧江塑编塑包、麻步花边等,带动富民增收;做好就业援助和创业帮扶,健全劳动者终身职业技能培训制度,激发技能人才、小微创业者、高素质农民等增收潜力。三是构建政策兜底保障机制。做好脱贫攻坚和兜底政策的延续升级,特别是要依托民政部低收入人群经济状况研究试点,持续提升"码上救"平台应用效率;建立精准高效的社会救助体系,推动低收入群体同步实现共同富裕。

(五)做未来单元建设的县域示范

一是打造未来社区。以西塘未来社区建设为抓手,打造一体化未来高铁新城,并按照未来社区理念推进城镇老旧小区改造,打造一批有归属感、舒适感和未来感的新型城市功能单元。二是打造未来乡村。以未来乡村为载体引领乡村振兴,重点推进昆阳、凤卧两大市域试点和 14 个县域试点,以试点经验培植未来乡村梯队体系,带动全域乡村未来化。三是打造未来工厂。以未来工厂引领制造业向数字化、智能化、绿色化转型,重点以一鸣省级"未来工厂"应用场景试点为突破口,推动产业数据汇聚共享,打造"智能产线、智能工厂、未来工厂"的多层次新智造企业群体。

(六)做优质服务共享的县域示范

一是实现公共服务普惠化。聚焦人的全生命周期,建设更多老百姓需要的普惠性幼儿园、社区养老机构等,不断扩大优质公共服务的覆盖面,高水平实现七个"有所"。二是实现公共服务均衡化。打通基本民生性服务均等化的"肠梗阻",复制集团化办学、医共体建设等模式,开展公共服务共同体建设,推动公共服务资源向西部、向农村倾斜。三是实现公共服务优质化。推动公共服务更高质量供给,建设一批公园、设置一批停车场、改造一批菜市场、解决一批断头路、消除一批脏乱差点、治理一批交通堵点等。

(七)做精神家园富足的县域示范

一是贯彻红色引领。平阳作为"省一大"召开地,应致力于创建浙南革命根据地旧址群高等级景区,完善基础设施配套,推动红色教育产业集聚;重视省委党校平阳分校的支点带动作用,推进红色教育标准化体系建设。二是聚焦文明建设。锚定全国文明城市创建目标,深化全国新时代文明实践中心试点建设,健全完善常态化创建机制,推动文明水平整体提升。三是打造文化凝聚。打造有"千年古县"特色的文化产品供给,持续深化平阳学官、平阳南拳、象棋之乡、武术之乡、戏曲之乡等文化研究,构建平阳文化谱系;健全文艺精品创作机制和人才培养体系;推动乡村文化与城市文化交融,提升"一镇一品""艺苑星空"等独创公共文化亮点品牌价值。

(八)做社会治理现代化的县域示范

一是优化城市治理体系。加强城市空间立体性、平面协调性、风貌整体性的规划管控;高标准建设重点功能区块,开展总部楼宇、城市阳台、中央绿轴、文化街区等标志性项目建设;以农业转移人口市民化为重点,开展城市治理体制机制的集成创新。优化风险防范体系:深化"遏重大"和平安平阳建设,完善风险闭环管控的"大平安"机制,确保不发生重大事故,全力冲刺省级平安县"十七连创"。二是完善和优化疫情防控体系。加快补齐疫情常态化闭环管控可能存在的漏洞、短板,切实发挥"村(社区)自为战"机制优势,把基层和党员的作用发挥出来,把辖区内的主体管起来。

三、平阳"打造高质量发展建设共同富裕示范区26县标杆"的保障举措

(一)加强组织领导

建立健全党总揽全局、协调各方的全面领导制度体系,实施"红色根脉强基工程"。建立健全清单化管理机制,制定重点任务清单、突破性抓手清单、重大改革清单、最佳实践清单、重大政策清单,推动清单项目化、项目节点化,明确任务责任。各乡镇各部门压实工作责任,完善工作机制,细化工作举措,形成系统集成、精准施策、一抓到底的工作体系。

(二)深化数字化改革

以数字化改革驱动制度重塑,全面落实"152"工作体系,率先形成与数字时代相适应的创造性生产方式、生活方式、治理方式。加强"浙里办""浙政钉"两个前端建设,迭代升级县级公共数据平台和"城市大脑"。加强党政机关整体智治、数字政府、数字经济、数字社会、数字法治综合应用建设,打造一批跨场景应用,加快建设"一网通办""一网通管"的"掌上办事、办公、治理之县"。充分发挥数据作为要素资产的作用,探索消除数字鸿沟的有效路径,保障不同群体共享数字红利。

(三)强化制度创新

按照共同富裕导向,推动各领域政策及制度系统性变革。聚焦重点领

域,争取更多事项纳入温州向省级以上争取的改革试点清单,积极申报省、市共同富裕示范区建设各批次试点,主动承接省、市重大改革清单涉及的试点任务,主动谋划县级重大改革试点清单。坚持典型引路、示范带动,鼓励各乡镇、各部门积极打造突破性、标志性成果,并批次梳理,形成典型以复制推广,以试点破解体制机制制约。

(四)建立评价体系

探索设立高质量发展建设共同富裕示范区 26 县标杆评价体系和目标指标体系、共同富裕实现度测度标准以及群众获得感幸福感安全感评价指数,全面反映工作成效。发挥考绩"指挥棒"作用,将"共富"指标任务体系纳入年度考核体系,探索出台共同富裕的"赛马比拼"机制。树立"以实绩论英雄"的鲜明导向,优先选拔任用担当有为、实绩突出、群众公认的优秀干部,营造"争先创优"氛围。

(五)凝聚强大合力

重点构建政府主导、部门协同、群众为主、企业发力、专家献智、媒体监督的共建共享格局,特别是要激发民营企业的积极性、创造性,多渠道倾听民情民意、纾解民忧民困,重视发挥党外知识分子和新社会阶层人士的作用,引导和支持在外平阳人回归参与共同富裕,激发实现共同富裕的内生动力和外在合力。

李海峰

打造清洁能源区县样板

——苍南县跨越式高质量发展路径研究

中共苍南县委党校

苍南县地处东南沿海,地质构造稳定,海上风力资源丰沛,日照充足,具备发展核能、海上风能、光能等清洁能源产业的天然优势。当前,苍南县全力打造跨越式高质量发展建设共同富裕示范区县域样板,在"十四五"规划中明确提出要打造清洁能源产业全国示范基地。本文对苍南县清洁能源产业发展的相关事宜进行深入调研,探讨了产业要素不足、多能协调不强、多元互补不够、产业融合不深、产业链现代化水平不高等问题的解决方案,并提出相应建议。

一、苍南清洁能源产业的"十四五"展望

在"两碳"背景下,苍南明确提出在"十四五"期间打造清洁能源产业全国示范基地。"示范"主要表现在六点:形成以核电为引领,海上风电、光伏、储能等多种清洁能源齐头并进的综合基地;清洁能源装机容量达 1368.7 万千瓦,排全省第一,占温州市近一半;清洁能源产业投资达 1277 亿元,排全省第一,占温州市 3/4;清洁能源年产值高峰达 218 亿元,创造税收 45 亿元,排全省第一,占温州市近一半;可减少化石能源消费 875 万吨标准煤,相当于温州市年用电量的 44%、全县用能的 7.6 倍;可获得碳减排指标 1514 万吨,相当于 2 个苍南的二氧化碳年排放当量,可产生 7.5 亿元左右的经济效益。

围绕打造清洁能源产业全国示范基地目标,苍南全力推进以下六项工作。一是三澳核电。电站总投资达 1200 亿元,整体投产后将实现年供电 525 亿千瓦时、年产值 200 亿元、年均税收 40 亿元。一期第一台机组将于 2025 年建成投用,二、三期将在"十四五"期间核准开工。二是绿能小镇。小镇总投资达 400 亿元,专门划出 3000 亩用地,发展核关联和清洁能源产业,目标是打造"中国核谷"。三是海上风电。目前,苍南共有 6 块海域拥有海上风电资源,总装机容量达 430 万千瓦,总投资约 800 亿元,产值 50 亿元以上。现已落地华能 4 号、华润 1 号、苍南 2 号等三个海上风电项目,总投资超 230 亿元,建成后年发电量达 33.4 亿千瓦时。四是光伏。目前,苍南已落地的光伏项目投资超 30 亿元,装机容量达 28.7 万千瓦。其中,整县屋顶分布式光伏项目已列入省第一批试点,2021 年开工建设 10 万千瓦以上,并网 5 万千瓦以上。五是空气储能。利用矾矿的废旧矿硐进行电能储存及释放,投资 12 亿元,规划建设 2 台 10 万千瓦压缩空气储能机组,年上网电量约 3 亿千瓦时,于 2021 年底前开工建设。六是抽水蓄能。已初步规划北田寮抽水蓄能电站项目,计划投资 80 亿元,装机容量 140 万千瓦。

总体来看,苍南县的清洁能源产业规模大,涉及面广,投资大,装机容量大,具有重大的经济效益与社会效益。随着上述项目陆续建成投产,苍南县将成为浙江省重要的清洁能源生产与输出中心。清洁能源产业成为苍南县实现跨越式高质量发展、推动共同富裕的突破点。

二、苍南清洁能源产业中存在的问题

在调研过程中,调研组发现苍南在"十四五"期间打造全国清洁能源示范基地,尚存以下问题需要解决。

(一)产业要素不足,项目施工存在困难

1.中高端人才数量不足

受地域、政策等方面因素限制,苍南县引才难度大,产业水平制约了清洁

能源产业吸纳人才、容留人才的利益载体和平台的发展,文化、医疗、教育、科研环境发展水平有待提高,针对急需的"高层次、创新型、复合型"人才的"引鱼"效应不足。

2.基础设施相对落后

马站片区远离苍南县城、温州市区,现有的教育、医疗资源相对落后,基础设施薄弱,一定程度上制约着三澳核电的工程建设,也影响后续核相关产业引进落地。光伏建设、海上风电建设项目,大多落地交通基础设施相对落后的偏远山区和海滨,项目建设使用的设备设施运输及后续的维修等存有困难。

3.土石方消纳、建设用水不足

三澳核电二、三期开工建设后,预计产生800多万立方米的淤泥需要处理。因国家政策严格控制填海指标,淤泥直接用于附近填海造地已不允许,绝不能为了短期的便利和利益,以牺牲生态环境为代价,造成生态海岸线永久性地、不可逆地被填埋。土石方必须外送,但目前陆上交通基础设施缺乏,就近海运,则需建设临时港口,但临时港口建设与一期工程存有冲突。另外,核电站建设预计在2026年达到用水高峰。苍南现有的供水能力仅能勉强满足本地的用水需求,随着经济社会的快速发展,本地用水量也将增大,并无多余水资源供给核电站建设使用。

(二)多能协调不强、多元互补不够

苍南将打造以核电为引领,海上风电、光伏、储能等多种清洁能源齐头并进的综合基地。但具体到各个项目上,较多的是单个能源的单一种类建设发展,较少在一个项目上同时做到将风能、光能、储能等协调综合开发,或是使新能源产业发展与当地的农业、渔业互补等,在多能协调和多元互补上还存有不足。

(三)产业融合不深、产业链现代化水平不高

苍南在三澳核电站建设的同时,尝试开发全国首座以核能产业为主导、产城融合的绿能小镇,建设中尚存以下问题。

1. 产业融合不深

苍南主要有印刷包装、塑料制品、食品加工、纺织、仪控仪表制造五大支柱产业,能直接与核电站、光伏、风能等融合的仅有仪控仪表产业,但核电等清洁能源产业对仪控仪表需求较小,对苍南的仪控仪表产业带动力度有限。产业间的融合、清洁能源产业与地方的融合还待加强。

2. 产业链现代化水平不高

目前,绿能小镇已落实项目有以下几个:远景苍南零碳基地项目已签约落地,将开工建设;广利核数字化仪控系统项目已达成协议,并将建设数字化智能制造工厂和大数据运维中心;浙南放射医学与核技术应用研究院也于2021年9月挂牌运作,并有一批研究生入驻。总体来看,苍南清洁能源产业链还不完善,核电设备制造配套产业、核能研发应用等延伸产业还比较缺乏。光伏、风能相关的设备制造领域存在空白,缺乏与光伏、风能相关的高端、高附加值产业。

三、发展苍南清洁能源产业的对策建议

(一)破解要素制约,助推清洁能源产业发展

1. 加大人才保障和发展力度

坚持"人岗相适"的原则,打破政策平衡的老旧思维,着力吸引一批与清洁能源产业发展方向专业契合度高的中高端人才;坚持实施本土人才培育工程,给予苍南本地人才更多关心关爱,避免"外来和尚好念经"的思维错觉,让更多家乡人服务家乡;坚持人才竞争重点是人才发展环境竞争的理念,以政企双方同向发力为基点,深化自身服务供给,不遗余力地优化人才生态。在充分发挥好人才晋升机制和核电服务一站式工作机制的同时,争取省市政府支持苍南列入全省统筹使用各类编制资源试点县,支持建立专业干部"上挂下派"政策,使苍南得到人才智力支持。

2. 加快基础设施建设,为清洁能源产业发展夯实基础

积极推动泰苍高速、228国道等交通要道的建设,加大对马站镇及周边乡

镇基础设施的规划、改造和建设的投入力度,为三澳核电、绿能小镇建设提供较为完备的基础设施。同时,为核电产业相关人才的安家落户、就学、就医等提供高质量的配套项目,解除来苍核电人才的后顾之忧。

3.解决土石方消纳难题,拓宽供水渠道

随着三澳核电二、三期工程的开工建设,土石方消纳和用水不足的难题将逐步显现。二、三期工程破土动工前,应加强与一期工程的协调,妥善解决好临时港口的选址问题,加快推进临时码头建设。向省、市寻求帮助,充分调动市场需求,加强省市联动,把有条件的、需要土石方的各个地方组织过来,错开档期,将二、三期工程中产生的土石方通过临时码头,分批次外运到需要的地方,争取变废为宝。用水方面,当前,苍南已从珊溪水库引水至钱库镇,但还应尽快兴建水利设施,将该水资源接入马站片区,拓宽供水渠道,以缓解三澳核电站二、三期建设的用水困境。

(二)加强多能协调、多元互补,使清洁能源产业与时俱进

1.要加强风能与储能的协调

风力发电具有间歇性和随机性的特点,难以精确预测。储能是通过装置或物理介质将能量储存起来以便以后需要时利用的技术,储能能够平抑风电出力波动、提高电能质量,从而减少风能浪费。从技术上来看,储能是保障海上风电消纳的有力手段。目前,海上风电获取和存储成本较高,经济价值有限成了制约海上风电搭配储能的主要因素,但"十四五"将是中国技术和产业升级的关键期,储能作为未来推动新能源产业发展的前瞻性技术,在"十四五"期间必将获得长足发展,苍南亦应提早谋划,以图解决风电成本高企问题。

2.考虑海上风电与多能互补

海洋能源种类很多,主要有风能、太阳能、波浪能、潮汐能、潮流能、温差能等,由于单独开发建设成本较高,建议将海上风能与光能、潮汐能等结合开发,能有效降低设施建设成本。并且,采用多能互补供电系统综合利用交叉变化的海洋能,有利于将海洋能发电装置产生的多路不平稳电力输入转化为单路平稳电力输出,以便独立为油气平台与海岛供电或直接并入电网。同时,多能互补供电系统可以共用输电线路、发电设施,又可以借鉴海上风电场成功建设经验,从而提高发电功率,降低建设成本,推动清洁能源的产业化进程。

3.海上风能与渔业互补

通常认为海上风电场的开发建设与渔业存在矛盾,因为建设海上风电场可能会抢占原本可以饲养鱼类的海域。但研究表明,海上风电场投入运行后,桩基实际上可起到类似人工鱼礁的作用,能够聚集鱼类。如能建立海洋养殖与海上风电融合发展新模式,则有利于实现清洁能源与安全水产品的同步高效产出,可以减少风电场对渔业的影响,有助于减轻风电和渔业的矛盾。

(三)促进产业融合、培育产业链,使清洁能源产业日臻完善

1.做好顶层设计,注重规划先行

苍南具有得天独厚的"山海资源"优势,在清洁能源及关联产业方面发展潜力巨大,县政府应加深认识,努力向省市政府协调资源,加速清洁能源开发及关联制造业产业链招引落地,力图使省市政府对苍南近远海风能规划、产业用能用地要素保障、核产业空间拓展等给予政策倾斜。

2.借力"千亿核电",打造高质量发展新引擎

作为一个"千亿项目",三澳核电对苍南的作用不仅在于对地区生产总值和税收的拉动,更是一个带动地方发展、促进共同富裕的"大引擎"。一方面,工程的推进将给苍南持续创造就业岗位,可促进项目与地方融合发展;另一方面,参建企业的本地化招工可使企业职工队伍更加稳定,有利于企业自身发展。同时,苍南县与中广核集团签署了"5+4合作协议",双方积极推进暖邻帮扶项目,每年落实1000万元资金以支持地方医疗、教育、文化等基础设施建设。苍南不仅要用好落实资金,做好企业与地方融合文章,更要从多方面汲取经验,助推打造跨越式高质量发展共同富裕示范区县域样板。

3.依托绿能小镇,培育清洁能源产业链

绿能小镇是苍南打造"清洁能源产业全国示范基地"的主阵地,总规划面积6.58平方千米,包括绿能产业区和产业拓展区。这里将建成一座绿色能源之城,形成绿色能源产业生态圈。要充分挖掘、发挥三澳核电站作为国内最大核电站的规模优势,努力引进核电站装备制造业,延长核能上下游产业链,

实现核能产业在苍南落地生根,做到最大限度地吃透核电站红利。确定光伏发电装备制造业为突破点,制定合理的行业规划,积极吸引如隆基绿能等行业领军企业来苍南设立生产基地,争取培育本土的光伏装备制造企业。

邱君国

加强基础建设　谋求生态红利

——文成县跨越式高质量发展路径研究

中共文成县委党校

　　共同富裕是社会主义的本质要求,是中国共产党人始终如一的根本价值取向。当前,共同富裕这一根本奋斗目标被提上了日程,浙江被赋予了共同富裕示范区建设的历史使命。这既是浙江的荣光,也是浙南山区县文成的历史性机遇。本文从文成县的现实基础出发,结合省市扶持政策,浅析文成该如何抓住这一机遇,以"小县大城"战略,抓紧生态经济红利,走出有自身特色的高质量跨越式发展之路。

一、文成发展现状

　　文成地处浙南山区,飞云江中上游,面积 1292.16 平方千米,辖 12 镇 5 乡,总人口约 41 万,素有"八山一水一分田"之称。近年来,文成奋力建设"宜游宜居生态县",经济社会发展呈现赶超的态势,但是综合实力仍处于浙江末位。在浙江省的山区 26 县中,文成县生产总值排名第 23 位,城镇和农村居民人均可支配收入分别排名第 19 位和 24 位。

(一)综合经济实力稳步提升

　　2020 年,文成县生产总值 112.01 亿元,近几年年均增速高于省市;常住人口人均生产总值 4.6 万元,处于世界银行标准中的中等偏上收入水平;财政总收入 15.71 亿元;城镇和农村居民人均可支配收入分别为 4.37 万元、2.05 万元。以旅游为核心的服务业领跑三大产业,近 5 年旅游总收入累计超过 200 亿元,年均增长近 15%。规上工业企业 40 家,产值亿元以上制造业企业 4 家。成立全市首个农业经济开发区,初步形成文成贡茶、糯米山药、杨梅等特色农产品品牌。

(二)城乡发展格局逐步优化

"小县大城"战略不断落实,"一心七组团"有序推进,苔湖、龙船垟、下沙垟、兴福堂、二中等片区城中村改造稳步推进,樟山新区建设顺利启动,县城框架已逐步拉开。"四百两万"工程深入实施,建成百丈漈天湖闲情、南田伯温故里、铜铃山森林氧吧等 10 条市级乡村振兴示范带,文成县列入浙江首批部省共建乡村振兴示范省先行创建单位。基础设施水平不断提升,温州西部交通枢纽建设稳步推进,文瑞、文泰高速相继通车,已融入温州"一小时交通圈"。全县城乡公交一体化率提升为 5A 水平。

(三)生态文明建设成效显著

生态环境良好,森林覆盖率达 72.31%,水资源总量约 17 亿立方米,主要流域飞云江水质居全省八大水系首位,空气质量优良率达 99.2%。旅游资源富集,拥有 5A 级景区刘伯温故里、全国最大落差瀑布百丈漈飞瀑、"华夏一绝"铜铃壶穴奇观。随着美丽乡村创建、小城镇环境整治等系列工作推进,全县生态环境持续改善,相继荣获全国"魅力新农村"十佳县、全省新时代美丽乡村示范县、国家重点生态功能区、省级生态文明建设示范县、省全域旅游示范县等称号。

(四)社会保障体系有效完善

近年来,全县高考上线率、本科一批上线率连创历史新高。2020 年,义务教育学校标准化率达 97.44%,学前教育等级幼儿园覆盖率达 100%,基本养老、医疗保险参保率分别达 99.78% 和 99.61%。建成一批城市书房、百姓书屋、文化驿站和农村文化礼堂等公共文化设施,创成浙江省农村文化礼堂建设示范县。创新精准扶贫"五级抱团"增收模式,低收入农户所有家庭年人均收入超 8000 元。社会治理持续推进,创成省级食品安全县,高分夺取"平安金鼎",实现省级平安县"十三连创"。

二、文成发展中存在的主要问题

近年来,文成的经济社会发展取得了较大进步,但与其他 25 县比较,仍稍显落后,距离完成共同富裕示范区目标还有一定距离。尤其是以下几方面问题较为突出。

(一)产业发展明显滞后

文成缺乏高能级平台。截至 2020 年,文成各产业的体量均很小。农业组织化程度低,供应链不完善,品牌效应较弱,产业年增加值为 9.71 亿元,在山区 26 县中排名第 21 位。工业基础薄弱,以温州市区、瑞安一带淘汰转移的汽摩配等产业为主,呈低小散状态,年增加值 28.34 亿元,其中规上工业增加值仅 3.75 亿元,在山区 26 县中排名倒数第二。服务业发展迅速,但总的体量也不大,年增加值 73.97 亿元,在山区 26 县中处于中下水平。此外,产业创新能力严重不足,R&D(科学研究与试验发展)经费支出占 GDP 比重、高新技术制造业占规上工业增加值比重等指标均低于温州市平均水平。

(二)城镇化水平低

文成常住人口城镇化率仅 43.4%,处于温州市末位,与温州市 72.16%的城镇化率差距显著。超过 50%的人口仍滞留在农村,从事低效益农业的人口占全县就业人口的约 1/4。县城首位度较低,城市服务功能布局不合理,核心区功能板块分散,教育、医疗、养老等公共服务短板较为突出。

(三)交通设施仍不完善

2020 年,文成首通高速,交通条件得到极大改善。但西、北两个方向的快速通道仍未打通,高速互通衔接路网以及县域大环线仍不完善,内外畅通的交通格局尚未形成。

(四)营商环境还需优化

行政效率有待提升,投资建设便利度不高,产业发展和人才引进政策相较于周边地区力度不大,对民间资本和高端人才引进均产生了一定阻碍。作为浙江第二大侨乡,文成没有专项惠侨政策,导致华侨资源优势发挥不足。

(五)生态补偿力度不足

文成是浙江重要的生态屏障区和水源保护地,是温州市700万人民的"大水缸",90%以上的国土属于农保地,87%的国土被划入水源保护区,严重制约了文成的发展。目前,文成每年获得的生态补偿资金仅约4000万元,其中3200万元限用于医疗保险,剩余800万元连治污费用都不足以覆盖,生态补偿资金对文成发展受限的补偿十分有限。

三、文成高质量跨越式发展的对策建议

在共同富裕路径的探索上,文成自身有着两方面的积累。一是内在发力的生态旅游道路。文成是生态富县、旅游强县、文化名县,先后获评中国长寿之乡、国家级生态县、中国气候养生福地。近年来文成旅游业的迅猛发展证明,生态旅游是文成县高质量发展的必由之路。二是眼光向外的华侨之路。文成是浙江第二大侨乡,共有10.7万华侨、1100多名侨领,民间侨资实力雄厚,新冠疫情暴发前,年侨汇达到10亿美元以上。近年来,许多华侨回乡投资创业,为文成经济社会发展增添了积极因素。比如,华侨投资民宿,侨旅融合形成了"侨家乐"文旅特色品牌,2020年营业收入超3000万元,带动旅游综合收入超1.2亿元。

当前,共同富裕示范区的建设为文成的绿水青山转化为金山银山架起了政策通道。文成要充分发挥自身优势,创造性争取和落实上级支持政策,补

齐短板、拉长长板,将生态价值转化为引领文成跨越式发展的巨大动能。本文建议从以下几方面着手。

(一)推动文旅融合,打造生态旅游升级版

将生态优势与文化底蕴融合起来,做强三大旅游组团,打造康养文旅业。一是天湖旅游度假组团。依托5A级景区和刘基文化,在百丈漈镇、南田镇重点打造天顶湖滨湖度假、刘伯温文化体验等板块,构建文成山水品质度假新标杆、刘伯温文化活态体验高地。二是森林康养度假组团。依托国家森林公园和安福寺的影响力,在铜铃山镇、西坑畲族镇,重点打造大铜铃山景区和天圣山禅养度假片区两大板块,建设浙南森林避暑养生高地、体育运动小镇。三是侨韵慢城休闲组团。依托侨乡资源和侨文化,在玉壶镇、周壤镇,联动发展侨韵慢城板块,重点打造以商贸旅游、户外休闲功能为主的国际慢城。此外,要接续打造"侨家乐"产业集聚区,推进整村民宿产业布局,把"侨家乐"打造成文成建设"重要窗口"的精彩亮点。积极对接省文化和旅游厅,争取其支持文成创建天湖国家级旅游度假区、建设国家级森林康养基地、建设"侨韵"玉壶国际慢城。发展大健康产业,引入2—3家央企、省属国企和国际知名的高端酒店品牌企业到文成投资、建设、运营文旅项目。

(二)壮大产业平台,做大做强生态工业

积极向省自然资源厅争取土地指标支持,加速推进黄坦、百丈漈、巨屿生态产业基地扩容,加快布局以箱包制造为主,鞋服、家居、配件为辅的时尚轻工制造业,重点发展汽车零部件制造业,集聚要素提升本地果蔬、保健酒、畜禽产业等特色食品加工业。积极对接省经信厅、商务厅、自然资源厅、发改委,争取各部门支持文成创建省级经济开发区,壮大产业发展平台;在省级产业平台建设规划"产业飞地",并搭配同等的计划指标、耕地占补平衡指标及林地指标;支持黄坦生态产业基地配套设施建设;支持文成申报汽车产业链"链长制"试点,鼓励汽车生产制造商来文成设立汽车零部件生产线;以娃哈哈智能化饮料项目为牵引,推动龙头企业水资源深加工项目和产业链落户文成;优先安排实施文成抽水蓄能电站项目。

（三）打造知名品牌，推进山区农业产业化

深入实施乡村振兴战略，高质量推动农业现代化。推动大型连片的特色农产品优势区建设，重点打造万亩特色产业示范带，推进特色农业基地建设。实施农业区域公共品牌振兴计划，全力推进农业区域公共品牌标准化生产基地建设。实施新型农业经营主体培育提升工程，加强与省级科研院校的校地合作，推广成熟高效的生产模式。积极对接省农业农村厅、发改委、国资委、工商联、商务厅、科技厅，争取其支持文成创建高山果蔬省农业科技园区，发展生态休闲产业、特色农产品精深加工产业，加强区域公用品牌建设、农产品冷链物流等项目建设，并重点引导2—3家优质企业入驻文成。

（四）实施生态搬迁，加快推进新型城镇化

以现代服务业、生态工业为支撑，围绕文旅、时尚、高端装备制造、健康等产业主题，加快推进樟山新区、森林氧吧小镇、天湖悦动小镇等一批新型城镇化发展平台建设，提升中心城区规模能级。加快文成农村土地产权制度改革，突破土地资源制约，建立城镇建设用地增加规模同吸纳农业转移人口落户数量挂钩机制。根据城镇建设和产业发展情况，科学规划实施"生态大搬迁"，通过生态搬迁促进产业集聚区人口集聚。积极争取省农业农村厅、财政厅支持文成异地搬迁政策扩面到所有自然村，提高异地搬迁人均补助标准，并增加基础设施和公共服务配套建设补助资金每人1.5万元。争取省国土资源厅将文成作为农村宅基地和村集体土地限地价协议出让的试点，加快农村土地要素流动，保障农民土地流转收益，激发民间资本做大做强乡村产业的决心。

（五）完善基础设施，构建内畅外快交通网络

加快推进溧宁高速景文段、青文高速、温武吉铁路文成段和通用航空基础设施建设，多方位打通文成对外交通快速通道。完善县域路网体系，加快推进322国道文成西坑至景宁交界段、220省道青田至泰顺公路文成玉壶至渡渎段等一批国省道，以及文成南互通至黄坦产业园等一批重要县道建设。全面构建县域中心与各乡镇间的"高品质出行圈"，实现中心镇15分钟上高

速、所有乡镇 30 分钟到县城。积极对接省交通运输厅、发改委、自然资源厅、财政厅，争取相关交通项目优先纳入重大项目库，落实用地指标和补助资金。支持文成通用机场项目建设及周边开发，鼓励引导具有行业影响力的相关企业到文成投资、建设、运营、开发通用航空产业。

(六)优化营商环境,促进侨商回归发展

纵深推进"最多跑一次"改革，全面推广"一窗受理、集成服务"，持续深化商事登记制度改革。优化产业发展环境，完善旅游功能区、服务业集聚区、生态产业园、农业经济开发区四大产业平台运行和管理机制。推进文成县国家涉侨服务综合改革先行区建设，积极申报侨务综合改革先行区(试验田)国家级试点。实施"华侨要素回流工程"，发挥文商回归旅游配套服务业集聚区作用，推进华侨总部大楼、欧陆风情街建设，创新投融资机制，出台华侨投资专项优惠政策，支持侨商总部企业回归，吸引侨资回流发展跨境电商、"侨家乐"，参与"侨品汇"、国际慢城建设。积极向上争取侨民海关出口绿色通道、出口退税等优惠政策。

(七)强化工作保障,最大化争取扶持政策

要用足用好省市一系列帮扶专项政策，工作保障必须到位。一是积极争取省发改委、自然资源厅、经信厅、农业农村厅、商务厅、科技厅等重要部门每年各确定 1 名厅级干部挂钩联系文成，协助文成推进招大引强和重大项目落地。二是向上增派挂职干部。主动向相关省厅输送人员挂职，搞清政策并协助项目落实。三是成立文成县跨越式发展工作专班。详细列出文成的短板指标和向上争取政策清单，明确专人对接省厅，争取资源。四是争取专项生态补偿支持。专门就水源地群众生产生活受影响、治污工程所需费用等情况做专题调研测算，并向省市争取专项政策及资金支持。比如，适当减少财政上交比例，对于重点项目给予一定的税收优惠和补贴支持，对于因保护环境、保护水源导致的产业牺牲给予专项奖补支持等。

谢俊杰　赵惠文　李美美

打造4.0版"共富大搬迁"

——泰顺县跨越式高质量发展路径研究

中共泰顺县委党校

2003年,时任浙江省委书记的习近平同志来泰顺调研,对泰顺县下山移民搬迁工作做出了"下得来、稳得住、富得起"的指示要求,19年来,从1.0版本的"一镇带三乡"到2.0版本的"无区域生态移民"再到3.0版本的"生态大搬迁",泰顺不断升级搬迁模式,走出了搬迁安民、搬迁惠民、搬迁富民的"泰顺模式"。2018年,泰顺县生态大搬迁做法荣获"浙江省公共管理创新案例十佳创新奖";2019年,泰顺县"人口集聚与农民增收致富"改革被列为农业农村部全国唯一试点;2020年,泰顺作为唯一的县级代表在全国农村改革试验区工作会议上做交流发言;2021年,"大搬迁"发源地——泰顺县司前畲族镇作为全省唯一的入选乡镇,获评全国脱贫攻坚先进集体。跨入新时代,面对新发展阶段和新发展格局,4.0版本的"共富大搬迁"亟待加速推进,方能完成共同富裕、跨越式高质量发展的新任务。

一、泰顺实践"共富大搬迁"取得的成效

推动跨越式高质量发展,是泰顺忠实践行"八八战略"、奋力打造"重要窗口"的光荣历史使命,更是泰顺高质量发展建设共同富裕示范区26县样板的题中之义。"共富大搬迁"作为19年来泰顺安民、惠民、富民的"品牌""金名片",有着牵一发而动全身的引领作用,有着"一子落而满盘活"的引擎效应,

对破解泰顺跨越式高质量发展进程中的"卡脖子"难题有着不可替代的作用,主要体现在以下四个方面。

(一)破解"人口"难题,夯实跨越式高质量发展的基本盘

泰顺作为全省发展不平衡不充分的重点地区之一,"三大差距"尤为突出。"共富大搬迁"可以更好地推动区域统筹、城乡统筹。一是有利于优化人口布局,实现城乡区域间"人"的空间转移,更好地布局公共服务基础设施,为低收入农户、弱势群体提供更强的兜底保障;二是有利于增加劳动力供给,以大量青壮年转移人口为产业发展提供充足的人力资源,同时更能促进搬迁群众家门口就业、家门口致富;三是有利于降低行政成本,大量节约原本需投入偏远山区的财政资金,更好地"分蛋糕"。

(二)破解"产业"难题,点燃跨越式高质量发展的发动机

推动共同富裕,产业大发展是核心和基础,"共富大搬迁"就是"做大蛋糕"的有力抓手。一是优化产业布局,更好地提升产业与人口、土地、资金各类要素的匹配度;二是调整产业结构,推动生态农业、生态工业、生态旅游、新兴产业协调发展;三是提升产业层级,破解长期以来的"低小散"困境;四是突出产业重点,重新定盘子,突出关键点,做精品,做品牌,做特色;五是建强产业体系,以人口转移带动各类要素"乾坤大挪移",建设完备强大的生态农业、生态工业体系;六是推动产业协同,更好地促进县内产业上下游间的协作和不同产业间的融合发展。

(三)破解"集聚"难题,做强跨越式高质量发展的主平台

搬迁不是目的,而是推动共富的抓手,其撬动点在于集聚。实现人口的集聚、要素的集聚、产业的集聚,以此强化规模效应,更好地集中力量办大事。一是做强县城"主平台",形成带动力强劲的产业发展高地、公共服务高地、休闲娱乐高地;二是打造乡镇"分中心",继续推动"三个三分之一"的产业和人口布局,以中心镇为原点,有效辐射周边区域,形成县域内若干个发展的分中心、支撑点;三是强化县内联动统筹,推动产业、人口、公共服务资源梯次配

置,县城、城镇、农村间要素合理配置、有序流动,寻求最优解、最大公约数。

(四)破解"要素"难题,注入跨越式高质量发展的动力源

泰顺基础差、底子薄,但潜力巨大。"共富大搬迁"就是泰顺深挖潜力、释放潜力、培育潜力的有效抓手。一是扩大人口红利,搬迁能加快农村剩余劳动力的转移,增强城市对外来人口、高层次人才的吸引力,放大人口作为生产主体、消费主体对经济社会发展的双重作用;二是唤醒沉睡资源,通过搬迁,更好地腾挪出生态容量、产业发展空间,破解"九山半水半分田"的资源困境;三是锁定未来胜局,搬迁能更大力度地促进基础教育、职业技能教育发展,培养更多的实用技能型人才、农业科技人才、特色产业工程师,壮大泰顺产业工人队伍,推动人的"物理组合"向"化学聚合"转变。

二、"共富大搬迁"亟须破解的四大难题

4.0 版的"共富大搬迁",是泰顺在新时代更好地贯彻落实习近平总书记"下得来、稳得住、富得起"的指示要求,推动强村富民、扩中提低、做大产业、扩大税源、"走好共富路"的必然选择。需着力破解新形势下的四大难题。

(一)政策效应需加倍释放,提升搬迁意愿

"共富大搬迁"应该是政策更优的搬迁,要不断提升搬迁吸引力,重点解决三个问题:一是农业转移人口搬迁意愿不强,在国家大力实施系列惠农政策背景下,农村户口相关优待更加明显,许多农业转移人口更倾向于在城镇工作的同时将户籍留在农村;二是泰顺人员外流现象严重,主要因为泰顺人有"走出大山"外出务工经商的传统,且县内产业吸纳力不强、承载力不高,"搬下来、留不住"问题较为突出;三是大学生回乡意愿不强,常见"出去一火车,回来一卡车"现象,高素质人才外流严重,"本地的不回来、外地的不愿来"。

(二)产业结构需优化调整,增强造血功能

"共富大搬迁"应该是促进产业进步的搬迁,真正以高质量的就业、创业

实现富民,重点应解决三个问题:一是产业基础薄弱,新兴产业发展滞后、传统产业带动力不强,导致群众就业渠道不宽不畅、就业岗位总量偏少;二是产业层次偏低,现有低端资源密集型、劳动密集型产业对劳动力的吸纳能力相对较弱,对高素质人力资源吸引力不强;三是产业结构不优,生态工业刚刚起步,缺乏带动力强的龙头企业,同时,知识密集型、技术密集型产业发展较慢。虽然 2020 年泰顺县每万名从业人员拥有人才资源数及增长率位列浙江山区26 县第一,但是支撑战略性新兴产业发展的人才总量依然较少。

(三)内外合力需继续加强,强化资金导入

"共富大搬迁"应该是联动更紧的搬迁,内外泰顺联动、浙南闽北联动,实现共同富裕,重点要破解三个难题:一是在外泰顺商人企业税源回归问题,2020 年,泰顺县总部回归税收完成率居温州市第一,但税收回归总量相对其他县市区而言依然偏少;二是在外泰顺商人企业回乡创业问题,近年来泰顺县招商引资项目签约数、项目总额屡创新高,但开工率、落地率还有待提高;三是在外泰顺商人、企业助力民生发展问题,近年来,在广大在外泰顺商人的努力下,累计筹措教育基金会资金 6500 万元,华东师范大学附属泰顺学校、上海中医药大学泰顺中西医结合医院等一大批优质教育卫生资源落户泰顺,在外泰顺商人反哺家乡、兴办社会事业的潜力巨大。

(四)民生配套需提标提质,解除后顾之忧

"共富大搬迁"应该是促进民生的搬迁,以富民、惠民推动安民,重点解决三个问题。一是降低群众生活成本。目前泰顺县下山居民搬迁成本已大幅降低,一个四人家庭从山上搬至县城,在县城安置小区购买一套 100 平方米的房子,总价约 40 万元,在享受各种政策补贴后,实际个人只要支付 3.84 万元和 20 万元的按揭贷款(月供 1135 元),以家庭 2 个劳动力计算,按揭还款压力较轻。但搬迁居民多来自偏远山区,多以务农为生,无固定职业、无固定收入人员较多,低收入人员较多,搬迁的经济压力依然不小,而且进城后的生活成本较搬迁前大幅提升,也是隐忧。二是提升民生基础设施水平。泰顺的教育、医疗水平与温州市区相比差距较大,教育医疗资源分布不均衡,搬迁点周边商场、公园、幼托机构、养老机构等基础设施亟待完善。三是妥善安置居民就业。目前泰顺县低保边缘户依然量大面广,相对贫困现象仍然严重,搬迁居民"家门口就业"仍以发展来料加工、农家乐、民宿等为主,这些行业劳动力吸纳能力弱,就业稳定性不够强,工资水平相对较低。

三、加速推进"共富大搬迁"的五点建议

泰顺始终坚持"生态立县、旅游兴县、产业强县"发展战略,以推进"共富大搬迁"4.0 版为抓手,深入贯彻习近平总书记"下得来、稳得住、富得起"指示精神,奋力打造"两地一极一区",全面展现"共同富裕看泰顺""幸福生活在泰顺"的美好图景。为实现跨越式发展,还需在以下五方面进行努力。

(一)进一步解放思想

一是目标要再高一点。以推进高质量发展建设共同富裕示范区 26 县样板为目标,紧盯高线、守牢标线,确保顺利实现 2022 年、2025 年目标。特别是要拉高标杆推动"共富大搬迁",在搬迁人数、就业人数、城乡收入比、家庭年可支配收入、中等收入群体规模等指标上全力缩小居民生活水平差距。二是格局要更大一点。站在浙江省乃至全国的高度打造山区跨越式高质量发展的样板,坚决摒弃泰顺基础差、底子薄的思想,切实拿出山区小县的大志气、大作为、大发展。三是视野要更宽一点。立足当下,谋划未来,拿出更多超常规的举措推动"扩中提低"、想出更多制胜未来的办法"扩大税源",确保主要指标走在前列、考核考绩晋等升位、发展位次稳步前移、特色亮点工作省市领先。

(二)进一步抢抓机遇

一是最大限度用好"一县一策"。抢抓列入"一县一策"和共同富裕省级试点的机遇,用足用好上级支持政策,进一步拓展"共富大搬迁"的产业发展空间。二是更大力度抓好"山海协作"。紧紧围绕长三角一体化发展、粤闽浙

沿海城市群建设、浙江打造共同富裕示范区、温州打造浙南闽东合作发展区等国家、省、市重大发展战略，加快落地瓯江口产业飞地、海宁产业飞地、滨江区科创飞地，打造"山海协作"升级版。三是更高水平推进"协作发展"。持续巩固鹿泰山海协作、文泰协同发展、浙闽边区域合作发展成果，持续拓展合作领域，打造全方位的"家门口共富"。

（三）进一步放大优势

一是用好生态优良的固有优势。认真贯彻落实省委书记袁家军的指示，立足地方特色和资源禀赋，发挥旗舰项目带动作用，加快把资源优势转变成商品优势，打造新富民产业。坚持"绿水青山就是金山银山"的发展理念，绘好泰顺版"富春山居图"，"点绿成金"，深化农村土地和产权制度改革，大力发展生态旅游、生态农业，重点培育一杯茶、一颗桃、一瓶蜜、一棵菜、一枝花"五个一"生态农业体系，放大华东大峡谷温泉旅游度假区等龙头项目的引领作用，将入股、就业、分红等政策向搬迁居民倾斜。二是发挥生态工业的后发优势。主动承接发达地区的产业转移，全力创建省级经济开发区，大力发展"3＋1"生态工业主导产业，加快落地万洋众创城、正泰光伏等优质工业项目，加快搬迁农村劳动力在"家门口"就业。三是用活"两个泰顺"的特色优势。充分发挥泰顺"中国市场投资开发第一县"，有14万人在外创业经商的优势，强化招商引资、招才引智协同，加大泰商回归力度，大力推广"泰商＋总部经济园""泰商＋村庄抱团"模式，带动搬迁农户增收。支持鼓励民间资本、社会力量兴办社会事业，鼓励社会力量参与就业服务，倡导民营企业家带头参与慈善捐助、困难救助等工作，强化"第三次分配"作用。

（四）进一步积极探索

一是以数字化改革撬动各领域发展。全力打造"共富大搬迁·搬富通"等多跨场景应用，构建人的全生命周期公共服务优质共享新机制，加快"健康大脑＋智慧医疗""教育大脑＋智慧学校"等领域破题攻坚，丰富搬迁居民精神文化生活，打造"共享社·泰幸福"品牌，切实提高基本公共服务均等化水平，加速搬迁居民与本地居民社会融合。二是推动中等收入群体规模倍增。

坚持鼓励勤劳创新致富的原则,积极培育高技能人才队伍,完善技能人才培养、引进、评价、使用、激励机制,全面提升搬迁居民就业创业能力,增强其致富本领。实施"安泰兴泰"、"510"计划攻坚、"廊桥工匠"培育、"家燕归巢"等行动,大力引进各类高层次人才和高校毕业生来泰顺创业就业,推动资本和人才下乡,强化人才链与产业链、创新链、金融链、项目链、生态链"六链协同",实现本地人员、引进人才、外出人口"三方共富"。三是持续缩小城乡财政支出差距。财政支出重点向弱势群体、薄弱领域、农村倾斜,稳步提高土地出让收益用于乡村振兴的比例,完善分配和再分配机制。

(五)进一步争取政策

一是加大"产业飞地"争取力度。重点争取在温州瓯江口产业集聚区建设"产业飞地",在用能、用地、资金等方面享受省级政策,并进一步争取省委省政府对26县省内、跨省建设"产业飞地""科创飞地"的更大支持力度,特别是争取省内"飞地"也能享受山区26县政策待遇,进一步拓展发展空间。二是加大财政、用能争取力度。争取省委省政府对泰顺等重点县地方财政收入增收分成部分免于上缴,对万元GDP能耗远低于全省平均水平的泰顺等重点县执行差别化能源双控政策。三是加大交通破题力度。全力打破制约泰顺发展的最大瓶颈,重点推进泰苍高速、温武吉铁路、泰顺通用航空机场建设,真正实现泰顺山区"通高通铁建航"的梦想,打造温州西南综合交通枢纽。四是加大区域协同发展政策争取力度。重点推进浙闽边界"两省七县"协作发展、文成泰顺协作发展,力争相关对接联络办公室设在泰顺,使泰顺成为长三角联动粤闽浙的桥头堡,打造新时代浙闽边合作发展先行区,建设浙闽边区域中心节点城市。

周碧素　叶锦韶　丁　宁

雷　强　章　帆　许成荣

包新泰　刘志强　谭桂涛

拓宽增收渠道 缩小城乡差距

——武义县跨越式高质量发展路径研究

中共武义县委党校

近年来,武义县按照中央、省委、市委要求,深化"后发赶超""后陈经验""下山脱贫"三篇文章,深入实施"生态立县、工业强县、文旅富县、科创兴县"四大发展战略,在发展县域经济、促进社会和谐稳定、保护生态环境、促进城乡一体化等方面做了努力,为实现共同富裕打下了坚实基础。但对比共同富裕先行区示范目标,在经济发展、收入分配、城乡一体化、精神文明、践行"绿水青山就是金山银山"理念、社会治理等方面仍存在一定差距。为此,本文结合武义县基本县情和发展态势,就推进武义高质量发展和共同富裕提出若干建议。

一、当前武义的发展现状及存在的主要问题

(一)产业结构不够合理,离高质量发展有差距

2020年,武义生产总值、人均生产总值分别达到271.33亿元和74500元,三次产业结构比例为6.0∶48.1∶45.9,但在产业基础、亩均效益、创新驱动等方面仍然较弱。第一,产业基础不强。全县虽然形成了氟化工新材料、电动(园林)工具、保温杯、门业等多个产业集群,但大企业、龙头骨干企业仍然较少,特别是年营业收入超10亿元的大企业仅2家,难以形成较好的带动

效应。第二,亩均效益不高。县域工业经济过度集中在最终产品的加工制造环节,处于产业链中低端,附加值较低。第三,创新驱动能力不强。2020年,武义规上工业增加值居山区26县首位,但高新技术产业增加值仅占规上工业增加值的35%,居于山区26县中位。第四,产业平台竞争力不强。山海协作产业项目不多,只有消薄飞地1个,产业飞地还没有。第五,服务业企业占比不高。2020年,第三产业增加值占比仅为45.9%,比全省、金华和义乌分别低8.7、12.2、24.2个百分点。

(二)富民增收途径单一,城乡居民收入增长空间较大

通过实施"下山脱贫""山海协作""飞地经济"等系列项目,县城乡居民收入稳步提升,2020年城乡居民可支配收入较2010年翻了一番,家庭人均年收入9000元以下贫困现象全部清零。但总体而言,居民收入与其他县相较仍偏低,主要原因是增收渠道相对单一,主要集中在工业。乡村旅游缺少龙头项目,2020年武义县旅游业增加值为18.8亿元,与21.9亿元的山区26县平均值有一定的差距,主要是县域乡村旅游发展疲软,旅游景点散而小,未能形成一定规模,未能形成现代乡村旅游产品体系和平台。能快速拉动经济增长和居民收入的服务业增速较缓,较金华、义乌而言,服务业在经济中占比偏低。现代农业发展较慢,作为农民增收主要渠道之一的生态农业、现代化农业发展,与先进地区相比较为滞后。乡贤回归力度不足,由于缺少发展形势良好的投资项目和强有力的政策支持,乡贤回归投资反哺家乡力度偏弱。

(三)一体均衡发展待破题,城乡差距需持续缩小

2020年,武义城乡居民人均可支配收入分别达到44759元、21076元,较上年分别增长4.5%和7.2%,增速分列金华市第一和第二;城乡差距指数从2.31降低到2.12。但与全省、金华、义乌相比,收入绝对增长额偏低。新型城镇化水平较低,常住人口城镇化率比山区26县平均值高出4.2个百分点,但离全省平均值还有近10个百分点的差距。与发达地区相比,乡村振兴有效衔接不够,城乡二元结构仍然存在,农业农村发展仍需进一步加快。优质公共服务供给稍显不足,公共服务普惠力度欠缺,主要集中在医疗和教育,目前,

山区 26 县中有 17 个县的县域就诊率超过了 90％,武义只有不到 70％。教育方面,优秀教师资源流失严重。城市配套建设滞后,城市建设滞后于工业化进程,城市能级不高,居民居住条件仍需不断改善。

(四)城市文化品牌打造滞后,离新时代文化高地有差距

武义通过挖掘"后发赶超""下山脱贫""后陈经验"等理论实践成果、特色文化基因、革命老区红色文化基因等,打响"和美金华、奋进武义"城市品牌。但对照打造新时代文化高地、构筑文明和谐高地要求,仍有许多不足之处。宋元文化保护研究不足,对"南宋徐谓礼文书"保护研究不够,没有深入探究其中的文化价值、历史价值、教育价值。特色文化挖掘不够,对特有的明招文化、红色文化、农耕文化、畲族文化、非遗记忆传承等虽然都有一定的挖掘,但深入开发较少,多数仅停留在文化研究阶段。文化产业薄弱,处于起步阶段,在提升公民素质和推动社会文明的思想文化引领等方面作用发挥不足。公共文化设施有待提升,以响应群众需求。

(五)生态优势发挥不完全,生态产品价值实现机制待完善

武义县本身自然生态资源丰富且优质,近些年经过努力,出口断面水质稳定在Ⅲ类及以上,空气质量优良率、PM$_{2.5}$浓度均值、环境质量综合指数等指标也不断改善。但在拓宽"绿水青山就是金山银山"转化通道,建立健全生态产品价值实现机制方面仍存在一些有待完善的地方。现有自然资源开发利用不够,投入与产出不成正比,如武义县拥有"全球绿色城市""中国天然氧吧""中国温泉名城"等称号,可优质的森林、负氧离子、温泉资源未能被完全开发成为绿色产业。优质农产品生态价值赋能不足,对"宣莲""铁皮石斛"等一批拥有国家地理标志的特色优质农产品生态附加值提升不够,农产品公共品牌的市场影响力还不够大,未能形成多层次、复合型的生态产品产业链、产业平台,"绿水青山就是金山银山"的生态价值实现得不充分。

(六)治理新形势带来新课题,乡村整体治理效能需提升

习近平总书记亲自关注指导、亲自调研提炼、亲自总结推广的"后陈经验",发源于武义,武义也不断赋予"后陈经验"新的时代内涵,将"后陈经验"提升到"源头智治"。"一肩挑"后,基层治理体系发生变革,村级"一把手"权力更集中,如何规范村级"一把手"权力运行并建立健全监督机制,成为基层普遍关注的现实问题。武义作为"后陈经验"发源地,要主动发挥"后陈经验"乡村治理品牌效应,运用"智慧"思维、数字化手段推进基层治理能力提升,发挥新时代"后陈经验"示范村引领带动作用,推动村级事务高质量规范运行,继续打造新时代基层善治的"武义样板"。

二、推进武义高质量发展的对策建议

(一)实施创新驱动发展战略,做大做强地方特色产业

把产业发展作为推动全县经济高质量发展的"牛鼻子",全力做强产业支撑,深化转型升级,以产业的大突破推动发展。一是持续深化"亩均效益"改革。做好向整治倒逼要效益,向容积率要空间,向科技创新要升级,向绿色智造要后劲,向服务业要增量的"五向"文章。大力发展工业地产和孵化器、着力打造"总部经济"。通过腾笼换鸟,推进产能转型,推动产业结构升级和企业效益倍增。二是招大引强"一号工程"。下大力气招引链主企业,通过实施上市企业、头部企业、"青春期"企业等系列培育计划,打造标志性产业链。以科技城、新材料产业园、高端装备制造园为基底,打造高能级的特色生态产业平台。深化建设"科创飞地""消薄飞地",让新时代"山海协作"结出硕果。三是通过"三大接轨"打开发展格局。立足武义的资源和优势,通过市场接轨义乌,通过产业接轨永康,通过城市接轨金华,推动县域经济全面发展。谋划推进金武永义经济带快速交通走廊,在交通项目、产业平台建设等方面创新协作模式,拓宽合作领域,加速推动一体化发展,着力解决"发展不平衡不充分"问题。

(二)打好"富民增收 20 招"组合拳,持续增加城乡居民收入

在"大众创业、全民增收"行动的基础上,因地制宜用好富民增收 20 招,通

过资源重整、产业重塑、数字赋能等系列举措,有效拓宽农民增收渠道。一是加快发展乡村旅游。统一规划旅游景点,扶持乡村旅游龙头项目,深入推进美丽乡村、美丽田园建设,并将非遗文化、航空文化、童话元素、体育元素等植入乡村旅游,使旅游更有"玩"味,做活乡村旅游。二是大力发展现代服务业。促进服务业数字化、标准化、品牌化发展,培植一批重点行业,提升服务业对高端资源的集聚力。大力发展银发经济、康养经济、蓝领经济等新业态,打造服务业新的经济增长点。三是积极培育农业创业人才。持续推进"超市经济"发展,做大做强"小吃经济",鼓励更多居民参与其中、壮大收益;发展和培育网络经济,推动科技富民,立足县域优势,大力推动农村电商与本地特色产业融合。四是加快完善乡贤回归投资配套政策。完善乡贤回归安居、创业扶持奖励等政策,列出明确和细化的优惠政策清单。提高政府主动服务意识,积极为投资方出谋划策、排忧解难,引导好乡贤资本,使之助力乡村振兴。

(三)升级"小县大城"战略,持续缩小城乡发展差距

以建设"低密度的县、高密度的城"为中心,有机衔接全域土地综合整治等政策,深入实施"小县大城"战略,不断推进区域协调发展。一是县城要发挥龙头带动作用。抓住国家县城新型城镇化建设示范点的契机,开展新一轮城市有机更新,打通解放南街延伸区块,不断提升县城资源整合、产业支撑、人口承载和辐射带动能力。二是实施下山脱贫3.0版。积极稳妥推进偏远山区村整村搬迁,引导山区群众向县城和中心镇集聚,全面盘活农村资源,全面推进农业农村发展,助推乡村振兴。三是提升公共服务水平。推进"健康武义"和新时代城乡义务教育共同体建设,不断增加公共服务资源,形成全覆盖、均等化的公共服务体系。四是推动"金武同城"发展。开发建设"金武新城",接轨金华主城区,推进基础设施一体化,创新投融资机制,推动实现基础设施规划同网,打造更多同城化标志性成果。抢抓金华全国性综合交通枢纽建设机遇,以串联台武黄、杭武龙为重点,拓展加密直通都市区各地及周边地区的交通网络,加快构建"一纵一横"综合交通格局。

（四）弘扬优秀传统文化，擦亮"奋进武义"金字招牌

深化"诚信尚义、包容开放、创新奋进"的武义精神，立足本地优秀传统文化，进行传承和创新，不断丰富人民精神文化生活。一是深入开展宋元文化保护研究。认真落实贯彻浙江省"宋韵文化传世工程"，开发具有武义地方特色的宋元文化，积极与高校、研究院等合作开展"南宋徐谓礼文书"研究，挖掘其内在的文化价值，以此为基础打造出文化浙江金名片。二是深入开发地方特色文化。对武义县特有的文化资源进行统筹规划挖掘，强化开发研究，加快"千年古城"复兴。加快武义古城保护建设，加强对延福寺、吕祖谦家族墓等重点文保单位和郭洞、俞源等历史文化名村的保护利用，深入挖掘文化背后的精神动力。三是大力发展特色文化产业。持续开展与特色文化相关的宣讲、文娱活动，顺应"影视＋互联网"发展趋势，大力发展数字文化产业，推动特色文化产业转型升级。四是实施公共文化设施提升工程。完善全县公共文化场所硬件设施配套，提升全县农村文化礼堂整体功能和使用效能。推进文化馆、图书馆、博物馆等馆藏资源数字化改造，打造国家级数字档案馆、国家二级博物馆。

（五）拓宽"绿水青山就是金山银山"转化通道

打响"来武义、我养你"的旅游口号，在原有"气养、水养、体养、食养、药养"的基础上加大开发力度，招商引资，扩大政府投入，努力构建数字化和绿色发展相融合的生态经济体系。一是深化生态产品价值转换。尝试建立生态资源大数据库，探索建设生态产品价值转化平台，统筹推进自然资源资产产权制度改革，创新区域协调生态补偿机制，建立生态产品市场交易机制。二是打造地区生态品牌。提升"武阳春雨"公用品牌绿色附加值，提升市场知名度，为绿色生态产品搭建一个产销一体化的服务平台。统筹推进高效生态农业、现代乡村产业协同发展，打造一批"万亩十亿"现代农业产业集群，创建国家现代农业产业园。三是大力发展康养产业。以康养塑造形象、立明旗帜、融合产业、统筹城乡，统筹做好与康养相关的国药、康旅、养老、有机农业等各领域的工作，进一步打通"绿水青山就是金山银山"转化通道，有效提升

生态产品价值。四是推进"美丽武义"建设。全面推进全域土地综合整治与生态修复工作,探索全域全要素综合整治,持续深化对自然生态的保护,利用优质的生态环境质量,不断提升生态产品的附加值。

(六)大力深化新时代"后陈经验",打造基层治理新样板

围绕"治理体系和治理能力现代化"要求,以擦亮"后陈经验"金字招牌的担当抓好基层治理。一是用"后陈经验"的时代内涵指导基层治理。深入学习贯彻习近平总书记八次批示指示精神,强化"后陈经验"中权力受约束、村务全公开、群众好监督、自我能纠偏的源头治理理念,健全结构合理、配置科学、程序严密、制约有效的权力运行监督架构。二是用数字化改革推进基层整体智治。加快升级完善"后陈经验"村级事务数字化平台建设,充分利用数字化改革释放的红利推进基层智治。三是以体系建设赋能基层治理。强化新时代"后陈经验"示范村的引领带动作用,加快党建联盟建设,推动区域资源共享、力量共聚,完善基层治理制度体系,合力打响"后陈经验"品牌。

陶晓瑜　吴青芳

做精一味药　香飘千万家

——磐安县跨越式高质量发展路径研究

中共磐安县委党校

中药材产业是磐安县历史最悠久、群众基础最厚实的产业,也是最具发展潜力的一项朝阳产业,肩负着拉动磐安县今后一段时期实现跨越式高质量发展、缩小收入差距、实现共同富裕的任务。为此,磐安县委、县政府积极探索推进中药材产业可持续发展的方法和举措,引领推动磐安加快实现跨越式高质量发展,努力在共同富裕路径探索、平台打造和品牌建设等方面做出磐安样板、提供磐安经验。

一、磐安县中药材产业发展成果

磐安县是首批国家级生态示范区之一,大盘山国家级自然保护区是中国唯一以野生药用生物种质资源为重要保护对象的自然保护区,磐安是"中国药材之乡",是中国名贵药材"浙八味"中"磐五味"道地药材的主产地,也是浙江省最大的中药材主产区和最主要的中药材集散地。2006年6月,时任浙江省委书记习近平在磐安调研时指出,中药材是磐安最大的优势,中药材产业是生态富县的重要依托。十多年来,磐安人民始终牢记习近平总书记的殷切嘱托,坚持高位推动、强化资金保障、推进标准种植、完善产业布局,实现中药材种植销售向一二三产业融合发展,稳健地走出一条中药材产业高质量发展之路。

(一)中药材种植优势凸显

中药材产业是磐安县的传统优势产业,目前,全县共有中药材种植户4.8万户,从业人员6.1万,占总人口1/3,常年种植面积10万余亩,辐射带动周边县市种植中药材30余万亩,总共约占全省的50%。磐安中药材年产量2.2万余吨,产值6亿元以上,分别占省、市中药材产值的9.5%和59.4%,其中,元胡、贝母产量达到全国的20%和60%。新渥、冷水、仁川等地,农户中药材人均收入达3.5万元,占家庭年收入的70%以上。中药材产业成为磐安县农民增收致富的重要支柱产业。

(二)中药材平台建设扎实

磐安精心打造了长三角地区设施最完善、配套最齐全、规模最大的"浙八味"药材城,目前共吸引4533家中药材个体户和经营企业,3000多户临时购销户,200余家省外购销商"扎根",生产、加工和销售浙产道地药材。在全省率先成立中药材产业创新服务综合体、中药材产业"大脑",建立中药材品质监测机构,打造中医药研发平台,有效破解药材种植以及企业生产加工技术难题,加快推动中药材种植、加工、流通、科研、检测、金融等产业体系融合发展。联合100余家企事业单位成立"江南药镇中药产业质量联盟",制订中药材标准23项,其中5项填补国内空白。

(三)中药材产业要素集聚

以全省唯一中药类特色小镇的"江南药镇"为平台,引进和培育了康恩贝、一方制药、大晟药业、金城阜通等中药生产企业67家,其中高新技术企业5家,基本形成集中药材饮片加工、中药提炼、中成药制剂、中医保健等为一体的中医药制造体系。集聚创新要素,先后招引省中医药研究院等科研院所5家、合作高校6家、"国千"人才团队1个、博士13名,建成全国唯一、全省首创的中药材、中药饮片加工一体化试点车间和中药材共享无硫集中加工点。

（四）中药材品牌初步形成

中药材主导产品"磐五味"公共品牌影响力日益显现,成功举办第十三届中国·磐安中药材博览会。建成浙药文化展示中心、中医药教学研讨中心,举办江南药镇高峰论坛,助力中医药文化"传帮带",扩大磐安中医药文化影响。深挖药膳特色资源,打造"磐安药膳"品牌,制订道地药膳制作标准16项,建成江南药镇药膳定制中心4家,引进药膳制作大师8名,连续4年举办浙江省药膳烹饪大赛,荣获"浙江省药膳之乡"称号。

二、磐安县中药材产业发展面临的困境

虽然磐安县中药材产业起步早,积累了一定的发展经验,在省内处于领先地位,但是与省外一些中药材主产区相比,还存在产业化水平不高、产业链较短、产品附加值低等问题,主要体现在以下几个方面。

（一）种植端:量缩质降苗头出现

中药材素有"药疯子"之称,"种多了是柴,种少了是财",市场价格波动较大。磐安中药材种植主要以农户为主,具有个体分散、规模偏小、模式粗放、产业集中度低等特征,抵抗外部风险能力差。一方面,药农缺乏对市场信息的实时掌控,易出现盲目种植药材,形成无序竞争现象,导致抵御市场风险能力降低,种植风险加大、收益下降。另一方面,部分药农为提高产量,引进外地高产品种,一定程度上减弱了药材的道地性,少数农户存在过度使用化肥、膨大剂等做法,造成药材品质下降,卖不上价格,降低了农户中药材种植意愿。目前,磐安县白术、元胡、玄参、白芍等多个优质道地药材品种种植规模呈现逐年下降趋势。

（二）加工端:产品延伸幅度不大

磐安县虽有中药生产企业249家,但规上中医药企业只有3家,通过药品

GMP 认证的企业只有 7 家,且主要生产饮片,导致中药材产业链延伸不足,尚处于种植和粗加工阶段,产品大多以原药和粗加工产品为主。同时,磐安县中药材产业消费终端多为药企、医院、药店等,缺少直接面向普通消费者的中药保健品、健康食品、功能食品等带有地理标志的拳头产品,缺少高科技支撑,产品附加值较低,市场竞争力弱。此外,磐安县中药材与休闲旅游、健康、养老、养生等产业要素融合发展的产品市场尚处于起步阶段。

(三)研发端:成果转换效能不高

磐安县虽先后招引中药材产业科研合作院校 14 家、专家库人才 71 人、中药研发平台 10 个,但基本上都属于柔性引才,短时间内难以产出高质量、高价值的科技创新成果。目前,磐安县仅拥有中医药类各类专利 204 项,主要集中在饮片方面,配方颗粒、中成药等领域几乎还是空白。同时,科研经费不足进一步限制了中药材产业的创新发展。例如,2019 年磐安县全社会 R&D 经费占地区生产总值比重仅为 1.82%,低于全省平均水平 0.83 个百分点,低于全市平均水平 0.03 个百分点。2020 年中药产业发展促进中心全年项目支出仅为 3268.68 万元。

(四)应用端:资源集聚能力偏弱

磐安县有千年的药材种植史,拥有极其丰富的中药材文化资源,然而相关部门对民间医药文化、中医名人、特色药方等诸类资源的挖掘利用和宣传力度明显不足,导致磐安县运用中药材资源优势发展中医的氛围不浓,中医人数占比过低,一定程度上影响了中药材产业的良性发展。磐安县少数农民掌握治疗烧伤烫伤、血管堵塞、断筋伤骨等的特效药方,治疗效果特别明显,在民间影响较大,但遗憾的是未能得到科学研究和规模应用。

三、磐安县中药材产业发展路径思考

针对磐安县中药材产业存在的瓶颈问题,本文尝试从完善产业链、提升价值链、开拓创新链等方面提出对策建议,以期推动中药材产业高质量发展。

(一)定向把"脉",拓宽药农增收链

中药材种植业是磐安县的传统优势产业,也是整个中药产业发展的基础,要进一步激发药农种植热情,推动中药材种植业优质高效发展。一是加快土地流转,扩大标准种植。在全县范围内进行摸底调查,筛选适合种植中药材的土地,在尊重农民意愿的基础上加快土地流转,推动中药材由零星分散种植向集中连片种植发展,由土法种植向标准种植发展。加强标准种植基地建设,建议充分利用磐安县土地综合整治成果,因地制宜推进中药材区域化、规模化、道地化种植,全力扭转"磐五味"道地药材种植面积萎缩的趋势。二是加强市场调控,优化种植结构。充分发挥市场和政府"两只手"作用,科学规划和调整中药材产品机构及种植规模。加强与全国其他药材市场信息对接,加快建立互通、互享、互动的市场联动反应机制,补齐市场信息不对称短板,有的放矢地引导黄精、白术等中药材种植品种、种植结构的优化调整。在繁荣磐安道地药材种植业的同时,承担振兴浙产药材的发展重任。三是加强专业合作,确保持续增收。积极与医药龙头企业、专业合作社对接,加大药农整合力度,加快推进"企业＋基地＋农户""专业合作＋基地＋农户"等合作模式,采取订单式种植,解决药农销售难、缺技术、收入渠道单一等问题,最大限度保障药农收益。引导转变合作模式,鼓励企业同磐安县药农建立契约型、分红型、股权型等合作方式,通过土地入股分红、订单生产分红、保底收益、反租倒包、劳动务工等方式,助推药农持续增收。

(二)对症开"方",提升成品价值链

只有产业链延伸,产品附加值增多,药材才能变成"药财"。要推动中药材产业向精深加工领域转移,进一步提升药材成品附加值。一是提升示范带动效应,完善产业链条。紧盯国内中医药龙头企业,重点引进一批在配方颗粒、破壁技术、口服饮片、中成药、医疗器械等方面实力强劲的企业,引领培育大晟、一方等本土骨干制药企业,推动中药材产业向精深加工领域转移,逐步完善"中药材种植—精深加工—中药提取—生物制药"的全产业链条。二是加大投入,改善加工技艺。设立中医药产业工艺改进专项补助资金,鼓励和引导县内中药材加工企业加大资金投入,引进先进装备,改进加工工艺,规范炮制标准,提升加工效率和标准化生产水平,促进本地种植药材的加工转化,有效提升产品科技含量。三是丰富品种,提升附加产值。支持药企在规范化生产中药饮片、中成药等传统产品外,以铁皮石斛、玄参、黄精等中药材品种为切入点,研究开发功能药品、保健品、化妆品、药用辅料等精深加工产品。鼓励引导企业探索中药材非药用部位综合利用途径,加强中药材在兽药、食品添加剂、浸膏提取、挥发油萃取等方面的开发利用。

(三)精准用"药",完善三产融合链

三产融合是实现中药材产业效益最大化的有效路径,要充分做好中药材产业与各产业深度融合的文章。一是做好"中药材＋旅游"的融合文章。深入挖掘磐安县中药材资源,探索打造中药材文化相关景观、景点、路线、景区等,发展中药材与休闲养生融合的新业态。例如,可尝试选取1—2个功能设施比较完善的药材种植基地,引入药材科普、体验、药膳、药浴等中药材养生休闲方式,打造一批中药材文化休闲养生基地。二是做好"中药材＋养老"的融合文章。随着我国老龄化高峰的来临,"银发"经济发展潜力巨大。磐安县可提前谋划布局,依托丰富的民宿、农家乐、共享农屋、"医共体＋"等资源,结合养生药材、功能药膳、保健食品、康养名医等优势,探索打造"未来康养社区",吸引长三角退休人员前来休养。三是做好"中药材＋互联网"的融合文章。一方面,大力推进"互联网＋"模式,主动将互联网思维、大数据思维、大健康思维运用到中药材的产销推介中去,探索发展以电子商务为媒介的现代种植模式和交易方式,发展网红经济,支持和鼓励药农、药企入驻淘宝、微信、抖音等互联网平台,开展直播带货等活动。另一方面,加快数字赋能,实施中药材产业数字化、网络化、智能化改革,实现中药材产业生产、加工、销售的全产业链智能化发展,建设"道地药材种植—数字车间加工—线上线下销售—产品质量回溯"的数字发展新体系。

(四)固本培"元",开拓科技创新链

创新是产业发展的第一动力,要加快补齐磐安县中药材创新短板,推动产业高质量发展。一是整合内部资源,打造创新载体。一方面,将磐安县20多家高新技术企业和研发单位进行有效整合,探索建立磐安县中药材联合研发平台,打造适应中药材产业快速发展的产学研新模式。另一方面,通过联合、兼并、重组等方式,加快培育政产学研用一体化新型中药材经营主体,采取"一企一策"和专项资金等重点扶持措施,培育发展一批技术先进、核心竞争力强的中药材骨干企业。二是灵活外部招引,建设人才飞地。主动向上争取,探索在杭州、宁波等发达地区建立磐安县专门的中药材产业研发基地,设立专项人才保障资金,以中医药科研项目为平台,积极搭建与省内外知名高校、科研机构的合作通道,灵活采用"虚拟编制""共享人才""工作专班""科技特派员"等方式方法,强化中药材产业科技创新人才保障。三是深挖民间药方,开发创新产品。由政府相关部门牵头,拨专款、组队伍,收集民间传播范围大、治病效果好的药方,摸索政府、个人、企业的联合开发机制,力争开发出效果好、附加值高的中药创新产品,大力提升磐安县中药材产业的影响力。

邹学铖

借势借力　深耕特色

——柯城区跨越式高质量发展路径研究

中共衢州市柯城区委党校

柯城区是衢州市的主城区,是衢州政治经济文化中心,下辖9个街道、2个镇、7个乡,区域面积609平方千米。近年来,柯城区委、区政府紧紧围绕"四省边际共同富裕先行示范区"这一目标任务,着力于收入分配、公共服务、精神文明、全域美丽、社会治理、城乡协调,创造性系统性推进高质量发展,推动共同富裕示范区建设。

一、柯城区发展现状

(一)调整优化产业结构,持续做大经济总量

柯城区三产结构不断优化,三产比例从2003年的23：24.6：52.4,调整优化为2020年的3.5：19.1：77.4,经济增长动力从第一、二产业开始向第二、三产业转化,现代产业发展格局初步形成。

(二)大力推进平台建设,加速积聚增长动能

智尚小镇列入省特色小镇创建名单,专业市场城经营模式、空间布局逐步改善,跨境电商、网红直播等新业态陆续落地。"衢州有礼·运动柯城"品牌影响力不断扩大,"森系"赛事在国内独树一帜。

(三)突出城乡区域协调发展,促进居民收入稳步增长

"十三五"期间,柯城区城镇居民人均可支配收入年均增长 8.1%,2020 年达到 52862 元;农村居民人均可支配收入年均增长 9.7%,2020 年达到 28138 元。

(四)突出生态资源优势,逐步造就高品质"大花园"

柯城区生态环境公众满意度位列全省第四,"五水共治"公众满意度位列全省第一,成功夺得"大禹鼎",获"省级生态文明建设示范区"称号。

(五)突出社会事业协同进步,不断增强民生福祉

教育、医疗、就业等公共服务提质升级,保障水平稳步提升。脱贫攻坚方面更是在全省率先建立特殊困难群体救助机制,创新"消薄卡"消费扶贫模式,"三个清零"任务全面完成。

二、柯城区实现跨越式高质量发展的短板与不足

对标高质量发展建设四省边际共同富裕先行示范区指标,柯城区仍然存在诸多短板与不足,主要有以下几方面。

(一)夹缝中求生存,竞争压力大

受周边城市群、都市圈影响,上海、杭州等大城市对柯城"虹吸效应"明显,来自四省边际及周边地区金华、上饶、南平、黄山等城市的竞争压力较大。柯城区作为衢州主城区,经济体量偏小,总量增速不快。2020 年地区生产总值为 236.48 亿元。从全省看,柯城区地区生产总值处于中下游水平。"十三五"期间,柯城区生产总值及增速在 26 个山区县中的排名分别为第 14 位和第 16 位,特色产业优势尚未形成,经济发展亟须找到新的增长极,面临较大竞争压力。

(二)工业支撑不强,发展动能不足

三产结构不优,传统产业在全区经济中仍占主导地位,产业结构转型升级步伐较慢,特别是工业龙头企业、创新性企业偏少。通过近几年的努力,柯城区基本形成"新材料＋"、智能制造、服装时尚三大产业发展格局。但规模小,聚集力不够,产业仍处于低位运行的状态,特别是龙头企业稀缺、辐射带动能力偏弱的问题,已成为制约柯城区跨越式发展的一大瓶颈。

(三)城区首位度低,集聚功能不强

柯城区地区生产总值占全市的比重为14.3％,柯城区与衢江区(即衢州市中心城区)占全市的比重为26.9％,首位度较低。在全省同类主城区中,与金华婺城区、丽水莲都区等相比,地区生产总值总量较低,发展动力较弱,面向省际的门户支撑功能不突出。中心城区基础设施与同类主城区相比差距较大,吸引力不足,人才集聚能力弱。

(四)财政有结构性矛盾,带动力不足

2020年柯城区本级财政可支配收入696670万元,其中一般公共预算收入133159万元,转移性收入563511万元。从收入方面看,财政收入持续增长乏力,"自我造血"功能下降,上级转移支付收入占财政收入总盘子的比重较大。

(五)美丽生态向美丽经济转化渠道窄

高品质生态产品与服务供给不充分,生态资源多而不精、全而不特,还不能满足人民对优质生态产品的高层次多样化需求。绿水青山与金山银山的转换通道尚未有效打开。生态产业化和"生态＋"的产业融合发展模式尚处在探索起步阶段,运动休闲、健康养生、文化创意、生态农业等尚未形成规模效应,美丽生态转化为美丽经济的渠道不畅,一定程度上导致农村居民增收乏力。2021年上半年,柯城区城镇居民人均可支配收入32343元,同比增长13.7％;农村居民人均可支配收入15293元,同比增长15.8％。城乡居民收

入比为 2.11∶1,高于全省的 1.78∶1。

(六)数字化改革不均衡,企业热度不高

以政府为主体的数字化改革推进力度大、热度高,但在数字化产业改革领域方面,企业特别是民营企业的数字智能化改革推进缓慢。数字产业带动力不强,数字经济推进乏力。入驻柯城数字农业科创园的实力科创企业不多,开发的部分数字综合应用的实用性有待加强。

三、推动柯城区实现跨越式高质量发展的对策

当前,省委、省政府出台了《浙江省山区 26 县跨越式高质量发展实施方案(2021—2025 年)》,以前所未有的力度,支持山区 26 县高质量发展。此举意在有效缩小地区间发展差距,从而实现建成共同富裕示范区这一战略目标。柯城作为衢州市的主城区,要立足自身实际,抢抓政策机遇,借势发力,实现跨越式发展。对此,本文提出如下对策。

(一)建立健全创新机制,借势强化创新能力

通过创新赋能、技术赋能助力产业变革,创造新的经济增长点,推动特色产业高质量发展。一是主动对接国家自创区、杭州城西科创走廊及高新区等高能级创新平台。与浙大两院、电子科大衢州研究院以及其他科研院所,建立产业关键技术联合攻关机制,筛选出成熟度高的成果项目进行对接转化,从而形成面向产业的技术创新力量。二是结合柯城特点,充分应用省市的扶持政策,积极布局以先进制造业为主的"产业飞地"。在经济发展的各个领域、各个环节,挖掘新潜力,形成新动能,并集聚转化为区域新活力。三是用好用足省里的人才倾斜政策,编制切实可行的人才引进中长期规划。积极招揽领军人才、学科带头人和有潜力的中青年专家。培育新型研发机构,积极建设院士专家工作站、博士后科研工作站、人才飞地等平台,健全柔性多元的人才引进体系。四是加大创业扶持力度,探索提高各类创业补贴额度,积极

举办各类创业创新赛事,营造良好的创业创新氛围。五是推动"山海协作"升级。持续推进余杭经济技术开发区、杭州未来科技城与山海协作产业园之间的深度合作,取长补短,实现互利双赢。

(二)优化特色产业布局,借势完善工业平台

要把握省里"提质升级山区工业平台"这一机遇,强化"工业立区"理念,不断完善柯城区产业体系,延伸产业链条,提升产业能级。一是围绕"强龙头、补链条、聚集群"的发展思路,依托浙江金沃精工高精度轴承套圈及汽车零部件项目,引进培植一批相关上下游企业,实现高端轴承产业在柯城的集群发展。二是择优布局柯城特色生态产业平台,做强"一县一业"。适时组织开展浙商和重点商会,以及央企、省属国企、名企走进柯城活动。同时,也要关注轻资产的,有想象力、创造力的微创企业。三是寻找新能源汽车、光伏和风电、储能以及电力设备等新兴产业链布局机会,迎接即将到来的第三次能源革命,以期实现换道超车,跨越发展。当前重点是要融入衢州华友锂电材料国际产业合作园项目。四是在项目要素保障上出实招。按照"谋划储备一批、前期攻坚一批、纾困破难一批、加快推进一批"的梯次结构,扎实推进项目谋划招引和建设。同时要优化"亩产效益"综合评价机制,推动各种资源要素合理配置。五是充分利用山区 26 县全域土地综合整治和生态修复政策,积极争取实绩考核奖励的用地指标,用于各类"产业飞地"和园区建设。高度重视智尚小镇建设,做好工业全域治理后半篇文章,严格把握小镇的功能定位及引进企业的质量。

(三)深耕区域特色文化,借势打响文旅品牌

要借助浙江省打造浙皖闽赣国家生态旅游协作区的东风,全面融入浙皖闽赣(衢黄南饶)"联盟花园"旅游圈,争取将柯城区纳入杭黄世界级自然生态和文化旅游廊道。一要以九华立春文化生态保护区为核心,推进文旅产业融合试验区创建。积极推广"智多张西"模式,着力培育民宿集聚区。加速推进灵鹫山名山开发、森林运动小镇、灵鹫山禅意康养等项目。打造具有柯城特色的精品旅游线路,积极融入浙江诗路文化带建设。二要继续做好"衢州有礼·运动柯城"的品牌推广,强化特色赛事的影响力,以赛促游、积聚人气。主动与省内各级工会组织对接,争取将柯城旅游线纳入工会疗休养常规线路。三要引入专业化的社会资本,塑造文旅新业态,打造具有含金量的文旅"金名片"。运作思路上,要以"低运营成本、大流量、易迭代、强变现"为导向,以"新鲜感、体验感、互动性"为诉求,创新政企合作模式,实现柯城旅游的跨越式高质量发展。四要打好全域土地综合整治与乡村旅游的组合拳。依托良田规模化种植,在稻田间搭建观景台、艺术建筑等,有序推进研学、摄影、露营三位一体基地建设,逐步形成具有柯城特色的"良田美景"。通过向风景要效益,全力谱写好全域土地综合整治后半篇文章。

（四）聚焦现代农业产业,借势做实乡村振兴

一是以省级乡村振兴产业发展示范县建设为契机,大力发展产业化、绿色化、特色化、品牌化的高质高效现代农业。要继续擦亮"余东未来乡村联盟"这一特色品牌,聚焦一村一特色,以强村带弱村,把文化串点成线、聚线成面,实现产业培育、村民就业、产品销售等方面的抱团发展、共赢共富。二是对接农业院校及科研机构在柯城建立种质资源库、种苗培育实验室。运用差异化竞争思维,深度开发新品,瞄准细分市场,重点培育扶持柑橘、中药材、蔬菜及鲟鱼产业,加快建设一批现代农业综合区和特色精品园。三是利用衢州主城区优势,主动对接龙头企业、农批市场、电商企业、大型超市,在柯城区建立生产、加工、物流基地,实施柯城版"消费助农计划",打通柯城区当季新鲜农产品进城渠道,减缓因供求关系失衡而导致的市场价格波动。尝试在农业生产领域实行全面质量管理,有效解决农药残留超标等问题,打造令消费者放心的农业品牌。四是探索"政企合作"新模式,打通农村物流网。采取"政府主导,邮政运营,快递合作"的模式,实现区域物流统仓共配。要设法解决乡镇到村的"最后一公里"的物流、冷链运输问题,突破农村物流网不畅带来的农业发展瓶颈。五是启动"生态资源生产经营公司"改革试点,拓宽绿水青山与金山银山的转化通道。全面推进衢州深化绿色金融改革创新试验区建设,坚持绿色与特色并举,围绕"传统产业绿色改造转型"主线,发挥"标准＋产品＋政策＋流程"模式效应,完善绿色金融服务信用信息平台,转化绿色金融改革成果,复制推广一批绿色信贷、绿色保险、绿色基金、绿色债券模式,打造绿色金融桥头堡,走出一条"大花园统领、大平台集聚、大数据支撑、大联动服务"的绿色金改"衢州之路"。

(五)合力谋划数字经济,借势推进区域智治

推进山区县重要应用系统和数据综合集成,打造一体化智能化公共数据平台。一是构建数字化改革工作体系。依托一体化智能化公共数据平台,建设柯城区党政机关整体智治综合应用门户,推动应用落地。完成数字政府数据仓和主题数据库建设,实现政府各部门核心业务数字化应用迭代升级,实现政府履职整体智治、高效协同,构建整体高效的政府运行体系。二是利用余杭数字经济的发展优势,助力柯城区导入数字经济高端资源。引进头部数字经济企业,促进广大干部群众思想破冰、观念更新,打开思维格局,推动战略转型,开辟数字经济新赛道。三是积极优化结构,推动传统产业转型升级。以创建"未来工厂"为突破口,推动产业链、创新链、供应链融合,打造资源要素高效配置的数字经济运行体系。四是支持重点领域企业根据行业和自身特点,开展"机器换人",推广应用自动化、数字化、网络化、智能化等先进制造系统,提高生产效率。加速推进柯城数字农业科创园建设,制定科创园(孵化)政策,引导有实力的数字科创企业入驻,打造四省边际数字农业经济发展高地。五是打造数字民生应用,推进电子社保卡与智慧文旅、智慧教育、智慧医疗等平台融合,实现多场景应用,构建优质便捷的普惠服务体系。

朱久良

聚焦未来社区　构建乡村生活新格局

——衢江区跨越式高质量发展路径研究

中共衢州市衢江区委党校

乡村未来社区是建设共同富裕示范区的基本单元。自 2019 年浙江首提"未来社区"概念以来,衢州市衢江区就开始了以莲花镇为乡村未来社区建设试点的工作,在试点取得成功的基础上,衢州市发布了乡村未来社区指标体系与建设指南,制定了乡村未来社区的中长期发展规划。衢江区的实践为乡村未来社区建设以及通过未来社区建设实现乡村共同富裕提供了"衢江样本"。

一、衢江区创建乡村未来社区的主要做法及成效

衢州"乡村未来社区"打破了传统的行政区域划分,以智能技术为纽带,结合自然、人文、管理、生活、产业的需要,将一定的行政区域综合在一起,构建一个生产、生活、生态合一的共同体。主要做法和取得的成就表现在以下几个方面。

(一)从空间规划出发,重塑村民生活社区

衢江区在编制莲花乡村国际未来社区建设规划时,就确定了以乡村高品质生活为主轴的空间布局,统筹"未来文化、生态、建筑、服务、交通、产业、数字、治理、精神"等九大场景,协调生态环境保护、人居环境整治、基础设施提

升、公共服务优化、治理效能提升、乡村文化繁荣、产业提质增效、数字乡村建设 8 大工程,构建教育卫生、健康养老、文化体育、社会保障等 15 分钟便捷生活圈。在莲花镇试点经验的基础上,衢州市形成了《衢州市未来社区建设规划》指导性意见,成为全国首个从地级市层面来编制未来社区规划的城市。乡村未来社区应该是面向全体村民、面向未来、以共享富裕生活为特征的社区,其以数字化建设为纽带,用数字治理、数字生活、数字经济串联各场景,融入共享超市、共享餐厅、共享运动等生活设施。人与自然和谐、邻里关系和睦、生活起居便利、舒服放心安全是衢江区探索出的乡村未来社区建设的基本要求。

(二)以产业再造为起点,融生产生活为一体的社区

未来社区的产业是以数字化为特征的,产业是共同富裕不可或缺的物质基础。衢江区在建设莲花乡村未来社区时,就考虑到将数字农业发展融入其中。安排 1500 万元资金用于现代农业园区内 26 家规模农业主体开展种植设备数字化改造升级;安排 500 万元补助资金,引进铺里·九宫格等 5 家主题民宿;建成晴耕雨读研学基地,创建农旅融合产业园 23 家、3A 级景区村庄 3 个,日均接待游客超过 1000 人次;引进总投资超 3 亿元的上海复旦上科公司科教文旅综合服务项目。这些项目建成后,每年可为社区居民带来 200 余万元收入,为村民生活水准的提高奠定了物质基础。以此为标准,衢江区在其他乡村未来社区的建设中,都要求考虑传统农业的数字化转型,引进数字化企业入驻社区,培育村民参与度高、增收见效快的特色产业。衢江乡村未来社区建设的成功之处就在于认识到了社区是城乡居民创业投资的新平台,是满足人民群众美好生活追求的载体,乡村未来社区的产业必然是要融入社区每一个居民生活之中的,生产不仅仅是谋生的手段,更应成为生活中的乐趣。

(三)以社区再造为目标,重构乡村共同体

未来社区必然是一个共同富裕的共同体,衢江区把乡村未来社区建设与社区居民共建共富、逐渐富裕、全面富裕结合起来,着力把未来社区建成真正的共同体。首先,建立生活上的共同富裕机制。莲花未来社区建有"政府+

企业＋村民"的利益联结机制,鼓励"自主创业、土地(投资)入股、就地就业、收益二次分配扶持低收入农户"等增收模式、形成"租金＋股金＋薪金＋二次分配"的财富分配机制,4000余人通过服务社区产业增收,175户低收入农户每年通过收益二次分配增收超过1000元,实现各方利益共赢。其次是建立共同富裕的共建机制。共同富裕不是给予的,而是社区居民共同创建的,要在共建中实现全面富裕。樟潭古埠未来社区建设设计了"政府主导、社会协同、居民参与"的项目运行模式,让社区居民在物质富裕的同时实现精神上的富裕:引入优质学校入驻办学,实现教育资源共享;建立村民参与社区议事、进行问题反馈的渠道和制度,吸引居民参与社区治理;开展志愿活动、邻里互助活动,培养居民间的情感共鸣。再次是建立居民逐渐富裕机制。未来社区发展的长效机制是建立在社区发展活力上的,如何保持社区人口数量的稳定成为衢江区规划未来社区的重要课题。为此,区里制定了资金、技术、人才、税收、金融、基础设施等六方面政策,实施莲花乡村未来社区30条,留住原乡人、召唤归乡人、吸引新乡人,形成乡村三类人群的融合混居,使社区可持续性发展。在莲花未来社区,短时间内社区人口增加了1100余人,共吸引980人归乡兴业,引进新乡人198人,28个项目带来了2200余万元的投资。随着更多的人员流动,以及不同的活动设施的投入,生活在衢江各地的未来社区里的居民们正享受着物质文明和精神文明相协调带来的成果,乡村共同体的韵味让居民们提前享受到未来的生活方式。

(四)以人为核心,构建起各种场景融合的综合体

以莲花乡村未来社区建设为模板,形成了有衢江特色的"未来社区指标体系与建设指南",创建了衢州各地未来社区建设可效仿的"衢江模式"。这种模式坚持"人本化、田园化、科技化、融合化"的乡村未来社区建设价值目标,以人的发展为取向,以面向未来为导向,突出乡村生活的核心要求,构建一套以"未来文化、生态、建筑、服务、交通、产业、数字、治理、精神"为重点的9大场景和33项二级指标的集成系统与100多项实施要素,形成了人与自然高度融合的综合体,并形成了相应的制度体系,打造出具有"自然味、烟火味、人情味、生活味、乡韵味、人文味、农业味、诗画味、科技味"的现代化、国际化的新型乡村社区样本。

二、通过未来社区建设迈向共同富裕过程中存在的问题

乡村社会本来就存在经济底子相对薄弱、经济结构和收入结构不合理、经营与技术人才匮乏、创新发展能力较弱、社会治理压力大等问题,在通过创建乡村未来社区迈向共同富裕的进程中,政府部门决策、执行中存在的不足加剧了问题的严重性。

(一)数字化在管理与服务中的效能较低

数字化时代的未来乡村必须更高效地服务村民,方便村民生产与生活以及提高社会治理效能。实践中数字化功能受到制约,主要是因为乡村社会数字化建设滞后,缺乏数字化改造的统一规划,不同部门各自为政,复杂化、重复化现象严重。数字信息的保护、使用滞后,收集起来的数字信息易泄漏,不但没有方便村民生活,反而影响村民日常生活。

(二)生产、生活与生态的融合不紧致

乡村未来社区和共同富裕的主战场都在"三农"。未来社区本质是一个共同体,村民的生产、生活与生态全部融合在一起,物质生产和精神生活不可偏废任何一边。原乡人、归乡人、新乡人有不同的需求,社区提供的服务忽略了不同层次人员的不同需求,降低了未来社区生活的满意率。生活与生产被割裂开来,许多小院精美却无生活气息,各种展馆脱离生活实际,成为纯粹的展示品,丧失了未来社区的本意。资源优势没有转化为产业优势,蓝天、绿水、青山的价值没有得到显现。

(三)传统、现代与未来的关系处理不当

未来社区建设并不是用现代技术来简单地改变、替代、重建传统元素,而是一个立足传统、融入现代元素、适应未来社会需要的过程,是一个城市与乡

村、传统与现代、继承与创新、统一性与多样化相融合的过程。未来社区建设中出现把城市风貌简单地复制到农村,把现代元素简单地添加在传统器物上,如古色古香的建筑上安装有电器、粘贴有标语等现象,破坏了风景、缺乏美感。

(四)政府、市场、社会等角色错位

当前的乡村未来社区大多是靠政府财力扶持建成的,社会力量参与严重不足。未来社区的自然环境、交通、教育、医疗等建设需要政府的统一规划与建设,而社区文化、产业、风俗习惯等更需要民间力量的参与。走向共同富裕也不是给予式的收入增加,而是一个自主式发展的过程。政府更应关注自身权力运作方式的改革、各种非正式组织相互协调机制的建构、乡村产业发展规划的制定和收入结构的调整等,不能包办和替代市场与社会的功能,否则会降低未来社区创建模式的可推广性。

三、衢江通过未来社区建设推进共同富裕的对策

未来社区是一个以人为核心构建起来的自然、人文、产业、治理等相融合的制度体系,各种场景设置的效果都要以是否能促进人的发展来衡量。莲花镇未来社区的建设对于通过未来社区建设推进共同富裕具有诸多的启示,具体包括以下几方面。

(一)乡村社会的共同富裕需要一个党建引领下的统筹协调机制

共同富裕全面性、协调性、一致性的特征决定了其必须在党建引领下进行,应成立党委、政府、社会统筹协调机制,整合各种资源、协调各方利益,搭建共建平台,共同推进。共同富裕要紧紧依靠以党组织为核心的共同体,才能保证目标一致、方向一致、行动一致。同时,未来社区建设经验要上升到制度层面,必须有顶层设计,保证顶层设计与基层探索双向赋能、协调运作。

（二）要把握乡村未来社区与共同富裕建设的结合点

尽管乡村未来社区是以共同富裕为导向的，共同富裕也是乡村未来社区建设的目标，但两者存在区别。建设未来社区是人类社会发展的方向，共同富裕是社会主义本质的体现，两者的结合是社会主义制度优越性的具体化。乡村未来社会建设要突出物质环境、生活质量、社会福利、经济前景和社会治理等方面，在快速城镇化、技术变革和共治理念的主导下，批判吸收美丽乡村、特色小镇、智慧社区建设的不足，把握好乡村未来社区在推进共同富裕目标实现过程中的功能定位、发展阶段和努力方向。

（三）共同富裕从理想到实践的转化需要一个有效的实践机制

按照乡村振兴的要求，未来社区应该是农村三产融合的实践地，也是物质与人文同步发展的实践地。村民致富缺的不是资源，而是利用乡村资源的具体方法，以及把乡村资源转化为收入的实现机制。未来社区建设抓住了乡村产业经营的短板，破解农村发展的组织、人力、技术、制度、人文等各种障碍，通过各种经营机制，缩小了城乡收入差距，打开了美丽乡村向美丽经济、美好生活转化的通道，是实现共同富裕的有效抓手。未来社区通过技术赋能提升乡村生活品质，利用数字技术降低乡村生产、生活成本，农副产品的相关信息通过数字化改造后可实时传递，使得生产、生活走向智慧化。未来社区利用数字技术提高了乡村社会治理效能，农户的各种信息、需求通过数字化途径反馈，推进了社会治理智慧化。

（四）脱离"输血"，实现"造血"

乡村的共同富裕不能完全依赖外来的"输血"，关键是要有"造血"机制，实现内在的、可持续的发展。莲花镇的未来社区利用乡村已有的各种资源，借外来的技术、管理方法重新整合资源，挖掘资源潜力，实现共同富裕目标。乡村产业、基础设施、公共服务、人才资源、资金技术的高度融合和集聚集成，起到了良好的辐射带动作用，是推进乡村振兴和共同富裕的理想平台，奠定了共同富裕中物质富裕的基础。要培育乡村龙头企业、拉长产业链、提升附加值、打响乡村品牌,将优质产业转化为发展优势,提高社区居民收入水平。要加大农房、水系、道路、庭院整治力度,使未来社区更加宜居。要开发智慧物业、智慧养老、智慧政务等新兴领域,提供优质的社区服务。要发挥乡村历史文化优势,挖掘社区乡贤文化、非遗文化、邻里文化、农耕文化等传统资源,满足社区居民精神文化的需求。

(五)融合场景,集中展示

乡村未来社区是广大乡村共同富裕的展示"窗口",是新时代实施乡村振兴战略、推进农业农村现代化、实现共同富裕的有益探索和实践,可以通过标准化、特色化、品牌化推进,成为浙江乡村高质量共同富裕的金名片。因此,需要做好各种场景的融合工作,令城市发展与乡村振兴相融合,使不同产业形态的协调发展、物质生活与精神生活的统一融合都能在一个窗口中得到全面的展示,形成共同富裕示范区建设试点快速复制推广的新格局。

姜　文

以生态工业为支撑的绿色发展之路

——龙游县跨越式高质量发展路径研究

中共龙游县委党校

2021 年 6 月,中共中央、国务院印发《关于支持浙江高质量发展建设共同富裕示范区的意见》,为浙江省推进高质量发展、实现共同富裕,打造重要窗口注入了强劲动力。浙江省委省政府通过《浙江高质量发展建设共同富裕示范区实施方案(2021—2025 年)》,系统研究部署高质量发展建设共同富裕示范区。山区 26 县是浙江省高质量发展建设共同富裕示范区的重点和难点,各地要按照省委省政府统一部署,因地制宜找准突破性抓手,扬优势、补短板、强弱项。2021 年以来,龙游县委县政府提出要以生态工业为支撑,打造生态工业高质量发展先行示范县,为山区县经济高质量发展、推动共同富裕提供实践样本。本文对发展路径做一探析。

一、龙游县生态工业发展现状

近年来,龙游县接续实施"两化引领"战略,严格落实工业项目决策咨询制度,优先培育发展生态工业,着力建设绿色产业平台,优化"二期在龙游"的营商环境,生态工业发展势头足、形势好,主要指标位居衢州市前列。一是从规模和速度看,2021 年 1—8 月规模工业产值 224.04 亿元,比上年同期增长 29.6%;规模工业增加值 50.75 亿元,比上年同期增长 19.9%,增幅均居全市第二位。二是从结构和贡献看,高新技术产业总产值占工业总产值比重为

52.2%,比上年提升了 11.72 个百分点;截至 2021 年 8 月底,高端装备制造、数字智能制造及战略新材料三大新兴产业的总产值合计占规上工业总值比重为 23.7%。"3+3"产业产值增长 44.9%,高于平均水平 9.6 个百分点,其中三大新兴产业增长 41.1%;2021 年 1—8 月,全县数字经济核心产业制造业实现营业收入 11.4 亿元,同比增速 64%;实现工业增加值 3.28 亿元,同比增速 34%,位列全市各县(市、区)第二。三是从企业竞争力和发展潜力看,拥有规上工业企业 257 家、国家高新技术企业数量 29 家、省科技型中小企业 40 家、科技型中小微企业 207 家、新三板挂牌企业 6 家,2021 年新增上市公司 1 家,生态工业主体活力进一步得到激活。2021 年 1—7 月,全县规上工业利税增长 32.8%,工业增长有后劲。四是从平台承载力看,龙游经济开发区入选国家级绿色园区,获批省级高新技术产业园区、超精密制造特色小镇,整合提升后面积达 66.75 平方千米,空间规模和品质大幅提升,平台承载力不断跃升。三家企业报送上市辅导,两家企业列入工信部专精特新"小巨人"名单,新增规上工业企业 37 家、省科技型中小企业 27 家,拟认定国家高新技术企业 40 家。

总体上看,经过历届县委县政府的接续努力,龙游县在推进生态工业高质量发展方面取得了明显成效,政策对拉动县域 GDP、促进城乡居民增收、助推共同富裕发挥了积极作用。2020 年工业对 GDP 贡献率达 36.6%,2021 年上半年达 40.4%;2020 年工业税收占总税收的 40.14%,2021 年上半年占比 38.16%;2020 年城镇居民人均可支配收入 51024 元,较上年增长 5.8%,2021 年上半年城镇居民人均可支配收入增速 16.5%,农村居民人均可支配收入增速达 18.5%,均位列全市第一。龙游县的发展实践证明,发展生态工业是缩小地区、城乡、收入差距,实现共同富裕的突破点,是推进新型工业化、新型城镇化"两化"引领的主动力,是贯彻新发展理念、构建新发展格局的先手棋。2021 年 5 月,省委省政府出台了关于支持龙游县跨越式高质量发展的若干举措,支持龙游打造生态工业高质量发展先行县,为全省实现共同富裕提供龙游样本。作为山区 26 县之一,在"十四五"开局之年,龙游县被列入全省共同富裕示范区建设首批试点和生态工业"一县一策"样本县,迎来了生态工业高质量发展的机遇期、黄金期。

二、龙游县生态工业发展中的问题

龙游县生态工业发展态势良好,相关产业的主导支撑作用日益显现,但对照高质量打造生态工业样本县及制造业提质扩量增效要求,还存在很大差距,尤其在生态优势转化、绿色发展、生产效率、节能减排、招大引强、科技创新等方面还存在补短板、强弱项的迫切需要。

(一)生态优势转化不足

2020年龙游县规上工业总产值271.62亿元,虽然在衢州市排名靠前,但与生态工业强县差距较大。习近平总书记指出:"绿水青山就是金山银山。"把生态优势转化为产业优势、经济优势是时下所需。龙游县生态资源禀赋优势突出,是全国首个县级国家级绿色生态城区,近年来在保障生态安全、发展高效产业、提供生态产品方面取得初步成效,但因生态工业总量不足、生态资源开发不足、规划引导能力较弱、链主型生态产业不多等问题,龙游县生态优势转化通道尚未完全打开。

(二)绿色发展仍应加速

龙游作为衢州市唯一"无废城市"试点县,积极践行绿色发展理念。由于传统产业如竹产业等生产过程存在炭化废气、竹屑粉尘等污染,尽管引进了专业的竹业科技有限公司,但尚未形成产业无废生产体系。绿色发展体制机制有待完善,如碳排放权交易制度、排污权有偿使用和交易制度、水权交易制度、环境污染第三方治理制度等都有待进一步深化细化。

(三)生产效率亟须提高

2020年龙游县规上工业亩均税收8.8万元,全员劳动生产率10.9万元/人,这两项指标在山区26县中排名靠后,同属山区26县的丽水市缙云县同年规上工业亩均税收达21.4万元,全员劳动生产率16.9万元/人。龙游县生态工业产业结构不合理,传统产业占比大,特种纸等传统产业生产线长、装备需求大、厂房面积大、容积率低,导致亩均效益不高,如产值较高的巨化矿业、金励纸业、维达纸业、金龙纸业等企业占地面积均达500亩以上。传统制造业占工业比重近80%,存在生产技术水平较低、产品附加值低、劳动生产率低的"三低"问题,导致全员劳动生产率整体偏低。

(四)节能减排压力较大

2021年1—6月龙游县单位GDP能耗0.69吨标准煤/万元,规上工业等价能耗55.39万吨标煤,单位GDP碳排放和单位水耗均高于全省平均水平。目前省级层面对全县能耗排放指标有着严格的制约,年度能耗指标总量逐年递减,一方面倒逼传统产业转型,淘汰高污染、高排放产能,推动工业发展更加绿色,另一方面也影响了产业招商和项目落地。2021年以来,龙游县引进项目数量有所减少,出现了一定程度的招商难、项目落地难现象,显现出工业发展和节能减排之间的矛盾。

(五)招大引强尚需努力

2021年上半年龙游县工业投资量较去年增速下降了46.4%,工业投资占固定资产投资比重减少了4.3%,工业发展动力不足。近年来,龙游县谋划招引高端装备、新材料、智能制造等战略性新兴产业项目,绿色食品饮料、新能源电动汽车、AI智能制造、高精装备制造等生态工业项目,但是项目落地难,二期推进慢。2020年龙游县引进禾川科技产业园、汽车博览城等生态工业重大产业项目4个,而丽水市缙云县近三年引进的以生态工业为主体的大项目就有53个。由于缺乏生态工业发展标准体系,生态工业企业的认定、事项办理及服务手续不够精简,营商环境需进一步优化。

(六)区域创新能力不强

高新科技产业、生态产业等产业新业态、新技术等的发展势头不强。2020年全县有国家高新技术企业29家、省科技型中小企业40家、科技型中小微企业207家,与浙江发达县市差距较大,如绍兴市新昌县高新技术企业总数达188家,科技型中小企业总数达702家。龙游县企业大都处于投资拉动发展阶段,在自主创新上重视程度不够,创新氛围营造不浓厚。近年来,龙游县R&D经费支出占GDP比重均为2%左右,仅为全省比重的一半,省级科技企业孵化器建设目前还是空白。与2020年相比,2021年上半年高新技术产业投资减缓了41.8%,科技创新投入严重不足,高技术制造业增加值降低了1.15亿元。据了解,由于一线城市、沿海地区的"虹吸效应",龙游产业工人流动性较大,用工紧缺现象较为普遍,尤其缺少中高端技术人才、一线的技术工人和产业工人。

三、龙游县生态工业高质量发展的对策

针对以上问题,现提出以下建议。

(一)立足本地绿色资源,构建生态工业体系

一是编制完成生态工业产业目录。目前,国家暂未发布生态工业产业目录。龙游县致力于打造轨道交通、超精密制造、高端装备、新材料等生态工业产业,可以率先完成生态工业产业目录,进一步明晰未来重点培育和引进的主要产业方向,从顶层设计层面守牢生态工业红线。二是推动企业生态化转型升级。围绕"3+3+1"产业体系,聚焦碳基纸基新材料、精密数控和轨道交通装备两大主导产业,加大研发投入,做大做强生态工业企业。引导传统产业绿色化、生态化转型,加快培育一批高新技术、科技型企业,扩大生态工业覆盖面。三是打造绿色产品深加工产业。利用龙游县山区资源优势,以全竹绿色循环利用产业园为核心平台,辐射带动全县竹产业高质量发展。着力打造绿色无公害农产品生产基地和品牌化农产品深加工产业,提升绿色农产品的附加值,形成加工、销售、科研、创新一条龙的全产业链和产业集群。

(二)淘汰落后产能,优化生态工业空间结构

一是引导"两高"企业退出转型。全周期动态整治高耗低效企业,对在能

耗、排放、安全、环保等方面存在违法违规的企业限期整改,逾期未整改到位的责令关停退出。有序压减"两高"及产能过剩的传统产业,对不符合绿色发展要求的企业和项目进行信贷控制,对主动开展节能改造、低碳技术研发的"两高"企业配套财税金融政策支持,引导转型升级。二是支持"两低"企业发展。围绕"碳达峰""碳中和"目标,开发利用电能、水能、太阳能、生物能等清洁能源。制订与生态工业相匹配的用地、用水、排污权、能源消耗指标等保障方案。针对生态企业出台税收优惠政策,落实惠企助企政策,引导资源要素向生态工业企业、高端制造业等低能耗、低排放的工业倾斜。三是优化生态工业空间结构。强化"亩均论英雄"改革导向,整治"低散乱"企业,支持生态工业企业依法依规"向上走",以多层厂房替代单层厂房。盘活工业用地存量,针对闲置用地,加大清理力度,鼓励优先使用存量建设用地和未利用地,促进低效用地二次开发利用,让生态工业企业"大"起来。

(三)加强科技创新,提升生态工业竞争力

一是依托"科技龙游""数字龙游"建设推进数字化转型。鼓励企业设立研发机构,运用大数据、云计算、区块链技术等数字化手段,利用产业大脑、未来工厂等新模式打造一批高新技术企业及"专精特新"企业,增加对科技创新和绿色发展的投入,每年生态工业企业 R&D 经费支出增幅力争达到或超过全省平均水平,打造一批智能制造生态工业品牌企业。二是通过借智借力深化科技创新合作。落实政府引导、企业主体、校(院)企合作机制,整合重点科研平台和载体,深化同高校、科研院所的项目化合作,切实发挥院士(专家)工作站、产业研究院等科研平台作用,形成创业创新氛围浓厚、中高端产业集聚发展、生态工业集聚发展的新态势。学习借鉴新昌经验,依托开放式创新服务平台,培育引进链主型、龙头型企业。三是因企制宜,壮大专精特新中小企业群体。聚焦碳基纸基新材料、精密数控和轨道交通装备等本地特色领域,建立专精特新中小企业培育库,制定精准滴灌的专项政策,量身定制培育方案,针对性地帮助生态工业企业补短板、提实力。鼓励金融机构开发"专精特新"中小企业专属金融产品,带动社会资本加大对"专精特新"中小企业股权投资力度。

(四)提升综合平台能级,引导生态工业企业集聚

一是推进生态工业融入"五区一镇"联创。结合龙游县产业新城打造国家级"绿色园区"、省级高新技术园区、山海协作园区、临港物流园区、产业版未来社区、超精密制造小镇的定位,推进生态工业产业园区建设,深化产城融合、产研融合,以山海协作、四省边际中心城市建设、绿色科创园区建设为契机,积极谋划建设轨道交通装备产业园区,打造绿色生态产业园。二是增强生态工业平台创新力。加大生态工业企业梯队培育力度,着力培育一批"单项冠军""隐形冠军""龙头企业"等生态工业代表型企业,加大国家级高新技术企业、省级科技型中小企业培育力度,实施"凤凰行动",助推企业上市工作再突破。强化信息化、工业化融合,积极引入先进制造业、现代服务业领域外商投资企业,支持企业布局建设海外创新孵化中心、研发机构等载体,促进生态工业平台能级提升。三是推进"产业飞地"建设。"产业飞地"建设是推进区域协调发展的重大战略举措,是助力山区26县共同富裕的重要载体。借鉴苏州工业园"飞地经济"的典型经验,进一步发挥飞入地的人力资源、劳动力等优势,加强与宁波镇海区、杭州钱塘区等地在招商引资、"科创飞地"等方面的交流合作,实现利益共同体的产业互补、资源共享、合作共赢,盘活区域经济。

(五)加大招商力度,增强生态工业发展后劲

一是聚焦精准招商。利用龙游县便利的交通条件及四省边界中心城市的区位优势,借鉴长兴、苏州、上海、深圳等地招商经验,融合全县生态工业发展导向、区域承载能力、重点平台空间布局、项目准入标准,以上海、江苏、浙江片区为中心,辐射主攻优质生态企业和大项目,瞄准全球500强、行业100强及中字号、国字号大企业,精准发力。二是完善招引机制。完善生态工业招商机制,明确生态工业招商方向,选优配强懂生态工业、精绿色发展的招商团队,以低碳企业、高端制造业、新能源企业等生态工业类别精准招商,做好以"延链、补链、强链、育链"为内涵的"铸链"文章,培育壮大新兴产业,鼓励引导生态工业项目在龙游县落地,积极推进"腾笼换鸟",形成承接省域生态工

业产业转移的集聚地。三是优化营商环境。开展减税降费、生态工业企业精准金融服务,实现生态工业企业全流程跟踪体系和服务闭环,搭建"生态工业企业全生命周期集成改革"平台,创新审批方式、简化审批环节、整合审批流程,建成生态工业企业全生命周期"一件事"服务平台,实施生态工业用地全周期管理,加快推进项目建设。

(六)强化要素保障,形成生态工业发展合力

一是完善生态导向的要素市场化配置机制。健全碳排放权交易机制,探索碳汇权益交易试点,通过自愿减排量交易实现生态企业价值重估,促进企业节能减排,加快生态工业量的突破。运用正向激励和反向倒逼方式分层分类用足用好国家、省能源"双控"有关政策,将腾出的能耗和碳排放指标重点用于新兴产业项目、技改项目等生态工业项目。建设、完善县级层面碳排放交易市场。积极争取省委省政府加大对钱塘江上游地区生态工业样本县的生态补偿力度,促进生态工业可持续发展。二是发挥财政资金"四两拨千斤"作用。全面落实研发费用税前加计扣除新政,扩大政策覆盖面,提高政策享受便利度,激励企业加大研发投入;整合各类专项资金,发挥产业基金对生态产业的导向作用,重点支持工业节能减碳改造、产业链提升发展、生态产业技术研发、生态产品推广应用等;政府主导发展绿色 PPP 产业,与银行及其他金融机构合作建立生态工业产业基金,为创新创业、新兴产业培育、经济结构转型等提供重要金融支持。三是创新人才招引培育模式。完善科技人才招引政策,发挥高新技术人才在生态工业发展中的关键性作用。从工资待遇、社会保障等各个方面给予高层次人才政策倾斜,擦亮"学在龙游"的金名片,打造"安居＋教育＋助老"人才引进模式。深入实施"小县大城"战略,加快人口内聚外迁,既引进外地人才,又留住本地人才,同时留得住本地"蓝领"。

徐智慧　叶　茜

构建新发展格局　推进共同富裕示范区建设

——江山市跨越式高质量发展路径研究

中共江山市委党校

实现共同富裕,山区县是薄弱点、关键处,也是潜力源、增长极。衢州江山市是全省 26 个山区县之一,位于浙西南山区,地处浙、闽、赣三省交界,旅游资源丰富、生态基础扎实、城乡发展均衡。对标省市推进共同富裕工作任务,江山市以"争当浙江省 26 县跨越式高质量发展建设共同富裕示范区的先行示范"为目标,加快迈向现代化和共同富裕。

一、江山市经济社会发展现状

近年来,江山市围绕打造全国县域治理标杆地、全国"绿水青山就是金山银山"实践样板区、全国全域旅游示范区、全国乡村振兴先行区的"一地三区"目标,全面实施"融衢接杭"战略,主动融入区域一体化、长三角一体化,地区生产总值跃上 300 亿元台阶,人均地区生产总值突破 6 万元,城镇、农村人均可支配收入年均分别增长 8.4% 和 9.2%,经济社会发展取得新突破、新成绩。2020 年,江山全市低收入农户人均可支配收入 14803 元,同比增长 17.9%,增量及增长率均为 26 县中最高;城乡居民人均可支配收入比缩小至 1.83∶1,连续 20 年优于全国、全省平均水平;全市所有村集体经济总收入达到 20 万元且经营性收入达到 10 万元以上,成为浙江省 26 个加快发展县中唯一入选全国新一轮农村宅基地制度改革试点的县,成功列入省级乡村振兴产业发展示范县。数字化改革方面,16个应用场景入选省级试点,9个应用上线运行,残疾人服务数字化应用更是作为全省县级自建应用之一,亮相浙江省数字化改革重大应用成果新闻发布会,并入选数字社会全省首批最佳应用,真正实践了"一地创新、全省共享"。在2020年度全省山区26县发展实绩考核中,江山市位列第一。

二、江山市高质量发展建设共同富裕示范区存在的短板

从全省大局审视山区小局,必须以更大力度系统激活山区县发展潜力,才能形成全域共同富裕的生动图景;从山区小局着眼全省大局,必须加快提升发展活力,努力在全省共同富裕新征程中不掉队、做贡献。审视江山,当前最大的短板仍是经济总量不大、质量不高、共同富裕"蛋糕"还不够大,社会治理、生态等领域还存在不少制约发展的明显短板和突出问题。一是产业层次、科创能力"双低"较为明显。主要表现为工业竞争力不强、服务业附加值不高、产业结构问题凸显、科技创新能力较弱等长期性和系统性问题尚未得到根本解决。江山地区生产总值在山区26县中始终排名第5位,规上工业亩均增加值、亩均税收远低于全省平均水平;全市R&D经费投入占比、每万人拥有发明专利数等科技创新指标均低于全省平均水平。二是开放度和包容性与发达地区仍有较大差距。治理思维、理念、格局有待进一步提高;对外交通通道不顺畅,尚未建立适应三省门户区位优势的综合交通运输体系,杭深高铁(衢武段)、甬金衢上高速、缙云—江山高速、江山江航道、通用机场等一批重大交通建设项目还处于前期推进阶段。三是城市空间发展格局亟待优化。中心城区能级不高、布局不完善,卫生、教育、养老、交通等基础设施欠账较多,优质公共服务供给相对不足。中心城区人口集聚能力不足,市域范围内人口黏性较弱,呈现人口流出状态。四是生态优势到经济价值的变现机制不够健全。表现为资源资产化、资本化转化通道不畅通,生态产品市场化运作机制不健全。江山市是首批国家全域旅游示范区,但是旅游业态相对匮乏、产业配套水平不高、旅游富民效益不明显。食用菌、猕猴桃、中药材、蜂业

等特色产业发展存在产业链条过短、潜能释放不足等问题。作为山区生态产品价值转化通道的电商产业缺乏集聚效应,电商、快递、仓储企业零星分布于各个区块,而且规模较小;现有电商园区中,仓储、快递配套不完善等问题较为突出。

三、江山市奋力走出山区县共同富裕示范之路的对策

以"争当浙江省 26 县跨越式高质量发展建设共同富裕示范区的先行示范"为目标,江山市要持续以习近平总书记在浙江工作期间寄予衢州的"八个嘱托"为指引,在"经济高质量发展、缩小三大差距、公共服务优质共享"三大关键领域实现新提升,构建新的发展格局,努力走出山区县共同富裕示范之路。

(一)立足三大战略举措,推进经济高质量发展

一是深化"融衢接杭"战略举措。抢抓长三角一体化发展和浙江省打造山海协作工程升级版契机,加速融入区域一体化进程。探索建立健全"飞地经济"共谋共建共享机制,突出以平台、项目合作为重点,高质量建设好运营好现有产业飞地、消薄飞地、科创飞地,使双方优势互补、利益共享。二是打造"工业强市"升级版。突出智造引领,构建现代化产业体系。建立主导产业培育机制,加快构建时尚门业智能家居、智慧能源装备两大重点产业链,形成木艺、化工新材料等多个百亿级特色产业集群。推进数字产业化,谋划电商综合产业园区建设,内培外引优秀电商企业,推动数字经济与实体经济深度融合。三是聚力做好"旅游富民"文章。围绕打造"全国全域旅游示范区",加快旅游产业化步伐,使其成为带动群众增收致富的关键引擎。全面融入浙皖闽赣(衢黄南饶)"联盟花园"建设,深化"百千万"工程,推进景区城、景区镇创建。

(二)抓住三大群体,促进居民增收并优化分配

一是完善农民财产性收入增长机制。发挥"农民学院＋乡村振兴讲堂"

平台作用,开展农民技能培训。完善企业与农民利益联结机制,培育乡村全产业链。拓宽农民增收渠道,落实旅游致富、金屋顶光伏等富民工程,发展林下经济,推广工业循环水养鱼、温氏养鸡、稻鱼共生等致富技术。二是完善中等收入群体增收机制。在壮大中等收入群体、增强社会阶层流动性、丰富精神文化生活等方面下功夫,健全扶持中等收入群体后备军发展的政策体系,激发技能人才、科研人员、小微创业者等重点群体增收潜力,吸引海内外高素质人才来江山就业创业,推动更多劳动者跨入中等收入群体。三是完善低收入群体增收机制。完善救助帮扶和兜底保障机制,建立标准化清单化帮促制度,打造新型帮共体,动态调整低保标准和特困人员供养标准,构建多层次帮扶低收入群体政策体系。分类精准救助,针对具备劳动能力者进行开发式帮扶,针对劳动能力弱者通过探索建立低收入群体个人发展账户实施"帮扶＋保障"。

(三)突出三大重点,推进公共服务优质共享

一是突出"学在江山"。全域推行"教育大脑＋智慧学校",提质提效"互联网＋义务教育",实现优质资源互联共享。实施精准、分层教学,完善教育督导、评价体系,促进学生德智体美劳全面发展。二是突出"健康江山"。优化医疗资源布局,提升医疗服务保障水平,推动卫生健康服务深度变革。实施村级卫生服务"网底工程",推进村卫生室规范化标准化建设,加大乡村医生培养力度。三是突出"安居江山"。实施"养老机构跟着老人走"行动,优化社区居家养老服务网络,建立居家老人社区探访关爱制度。推广普惠性、互助性养老,发展"康养联合体""公建民营"等养老新业态和新模式。

(四)锚定三大领域,推进城乡协调发展

一是推进城市能级提升。建设智慧城市综合运营中心,开发智慧警务、智慧城管等场景应用,推进城市智慧化管理。实施城市治乱专项行动,推进物业小区管理规范化,提升城市品质风貌。鼓励引导社会资本、人民群众参与城市管理,实现管理常态化和长效化。二是推进幸福乡村建设。加快"衢州有礼"诗画风光带建设,打造乡村产业发展主平台。做大蜂蜜、猕猴桃、食

用菌、茶叶、中药材等特色产业,发展农产品精深加工业,加快三产融合项目建设。以全国农村宅基地制度改革试点为契机,探索宅基地使用权抵押融资制度,推动宅基地使用权流转。三是推进美丽城镇创建。统筹推进贺村小城市、峡口等中心镇建设,辐射带动美丽城镇组团式、集群式发展,打造镇村生活中心圈。加快城镇老旧小区改造,推进城镇功能迭代升级,提升人居环境品质。注重整体风貌设计,打造一批建筑精品,推进乡村绿道等慢行通道建设,串联各类空间,优化提升集镇风貌。

(五)借助三大创建,打通生态优势转化通道

一是创建国家级生态文明建设示范县。健全生态资源资产经营公司实体化运行机制,搭建生态资源转化平台,推动生态资源产品化。大力提升生态环境质量,拓宽"绿水青山就是金山银山"转化通道,打造全国"绿水青山就是金山银山"实践样板区。对接上级生态资源大数据库,探索以"生态账户"和"生态币"为主的生态产品价值实现路径。二是创建仙霞岭国家级自然保护区。立足自身优势、做好"山"字文章,以创建仙霞岭国家级自然保护区为契机,统筹推进生态修复和生物物种多样性保护,全力筑牢生态安全屏障。三是创建省清新空气示范区。深化绿色金融改革,构建"碳账户"体系。推动农业绿色转型,促进生态旅游,实现森林碳汇价值,完善生态补偿,探索绿水青山生态价值实现的有效路径,推动生态价值向经济价值转化,使经济发展向生态保护反哺,让老百姓从中受益。

(六)实施三大改革,推进县域治理现代化

一是全面深化数字化改革。以数字化手段推进政府治理全方位、系统性、重塑性变革,打造整体智治、高效协同的数字政府综合应用。构建整体高效的政府运行体系、优质便捷的普惠服务体系、公平公正的执法监管体系、全域智慧的协同治理体系。二是全面深化"县乡一体、条抓块统"改革。深化梳理基层治理"一件事"事项清单,推进"一件事"实战化运行。迭代升级基层治理四平台"4＋N"架构,充分发挥其主干功能和枢纽作用。规范网格工作事项准入,推动全科网格向智慧网格迭代升级,探索"网格＋"治理模式。三是全

面深化未来社区改革。立足不同群众需求,突出"微改造＋乡土味",系统实施微改造、培植微产业、创新微治理,全域推进乡村新社区建设。推动乡村集成改革在乡村未来社区先行先试,促进要素资源集聚。以江郎山、大陈等乡村未来社区为样板,打造一批引领生活体验、呈现未来元素、体现江山特色的示范性未来乡村。

姜小武　徐苑卉

加强农村"领头雁"队伍建设

——常山县跨越式高质量发展路径研究

中共常山县委党校

浙江省推进山区 26 县跨越式高质量发展,重点在基层,亮点在农村,关键在"领头雁"。农村基层党组织是党在基层工作的核心力量,队伍是否坚强有力,直接影响着基层经济社会发展。近年来,衢州市常山县不断加强农村党建工作,抓紧抓实"领头雁"队伍建设,并将其转化为强支部、优治理、兴产业的生动实践。常山县的实践经验细化了党组织领导共同富裕的具体路径,为浙江山区 26 县建设共同富裕示范区提供了有益启发。

一、常山县农村"领头雁"队伍建设现状

(一)有一批懂治理、善引领的名师团队

一是有一群有影响力的品牌书记。2019 年全省 50 名省级兴村(治社)名师中,常山有 1 人;2020 年全省 51 名省级兴村(治社)名师中,常山有 2 人;此外,还有 6 名优秀村社书记荣获市级兴村(治社)名师称号,优秀村社书记占比在全市居于前列。二是有一支梯度培养的干部队伍。通过做精做实"导师帮带"党建联盟,以老带新、以强带弱,变"单雁高飞"为"群雁齐飞",常山已形成一支梯度明显、互动良性、抱团发展的农村"领头雁"队伍,在全省特别是在加快发展 26 县中有一定的影响力。三是有一帮有情怀的乡贤人才。乡贤回归

是常山的品牌,2020年共有128名在外优秀乡贤人才回村参选村两委,特别是新昌乡、天马街道2个试点乡镇街道的22个村,共有18名乡贤回村任职"一肩挑",占比高达81.82%。"常雁回归""请贤六招"做法被浙江台《党建好声音》栏目和"浙江组工"微信宣传。

(二)有一套重实效、促转型的创新机制

一是激励机制卓有成效。遴选10名优秀村(社)党组织书记兼任乡镇(街道)党(工)委委员,制定激励关爱"常雁"回村任职十条意见,从政治激励、培养模式、经济待遇和生活保障等多个方面落实关爱,激励力度及成效在全省都有一定的影响力。二是培育机制典型高效。深化"导师帮带制",组织90名省级兴村治社名师、优秀村社书记与新当选的"头雁"结对,形成53个导师帮带党建联盟,该做法被写入中组部《关于浙江省"导师帮带制"工作的调研报告》中,获得习近平总书记批示肯定。三是引进机制多维畅通。响应省委"两进两回"号召,畅通渠道,大力招引优秀人才回村,通过领导带头跑、党群举荐找等"请贤六招",吸引了一大批优秀人才到农村基层历练提升。

(三)有一所强体系、精专业的培训学院

一是发展"品牌化"。充分放大常山县党支部书记学院全省唯一的差异化优势,在课程设置、师资配备、培训形式上着力,擦亮党支部书记学院品牌。学院被省委党校确定为创新案例,多次被《中国县域经济报》《衢州日报》等媒体头版头条报道,《共产党员》杂志刊发文章予以肯定。二是课程"定制化"。依托省委党校、衢州学院等优质资源,构建"基层党支部书记能力结构模型",配套开发"1+3+4"课程体系,下设76个特色专题课程供学员自主选择,量身定制"个性化"教学方案,专业化、个性化也吸引了各地学员来常学习培训。常山县党支部书记学院已初步打响品牌,共开展专业培训93期,培训学员6007人。

二、农村"领头雁"对标共同富裕要求存在的短板

(一)高标准与低供给的矛盾突出

为推进共同富裕在农村落地,浙江提出三个"万元新增"、三个"持续缩小"、三个"基本翻番"的目标,并推出产业促共富、建设促共富、帮扶促共富、改革促共富、数字促共富5个方面共23项具体举措。常山县农业农村事业发展面临难得的战略机遇期,要抓住政策红利,实现在山区26县中领跑,需要农村"领头雁"队伍有谋的能力、干的劲头、闯的思维、统的手段、争的意识。但不可否认的是,全县"领头雁"队伍中,"懒雁"也混杂其中,躺平、内卷现象一定程度存在;一些"领头雁"听话有余、创新不足,山城思维严重,习惯"等、靠、要",处于被动"接招"状态,缺乏主动"出招"能力;同时经营村庄能力、数字化改革能力普遍较为缺乏,使政策红利变现面临较大的挑战。

(二)严要求与松管理的矛盾突出

对比共同富裕要求,干部主管部门要着眼于"跳一跳""逐级登"的长远要求,逐年提升"领头雁"队伍素质;要用长远眼光培育全方位、多层次、高质量乡村人才体系,招揽乡村产业经营、公共服务、村庄治理专业人才,壮大乡村振兴人才"蓄水池";要建立"领头雁"动态监测的平台、项目比拼的擂台、干部成长的舞台、鼓劲撑腰的后台。目前"领头雁"队伍经过新一轮换届,有89名新担任"一肩挑"人选,占比高达46.1%;新一届村两委大专以上学历者有309人,占比仅为24.5%;仍有51个村缺少35岁以下的两委成员,占比为27.1%。同时,在日常管理中存在布置多、指导少,批评多、激励少现象,上提一级抓"领头雁"的方式方法还比较缺乏,没有把对"领头雁"的严格管理落到实处,体制机制上有较大的完善提升空间。

(三)深需求与浅培训的矛盾突出

共同富裕对"领头雁"队伍提出了更加专业化的发展需求,需要通过精准

培训,补齐其专业短板。对"领头雁"的培训要求精准度要更高,专业性要更强,切合度要更深;要用听得懂的语言、看得见的做法、悟得透的思维,让"领头雁"明白共同富裕是什么、村庄发展要什么、头雁领航做什么。目前常山县新担任"一肩挑"人选有89名,达到历届最高,对村庄管理适应磨合期较长,亟须通过精准培训补上短板。对比精准、专业的高要求,常山县在"领头雁"培训上,虽有差异化优势,但课程的丰盈性、实用性、针对性不够;对"领头雁"队伍培训的研究深度不够,特别是培训精准度、实效性还有待进一步加强。

三、进一步加强农村"领头雁"队伍建设的建议

(一)聚焦"两专"工程要求,抓实素质提升

要在"领头雁"技术能力提升、科学精神培养上着力,推动"两专"工程在农村重重落地。

一方面,在技术能力提升上要更加专业。要聚焦专业抓测评,建议与衢州学院合作,设计一套涵盖农村、社区的"基层党支部书记能力结构模型",并制订能力水平指数测评办法,率先在全国推出"领头雁"专业管理标准。要突出两头抓提升,将重点村"领头雁"及新担任"一肩挑"人选建档立卡,有针对性地提升其村庄治理、纠纷调处、经济发展等专业能力,抬升其整齐管理水平。要形成梯度抓品牌,对180名村社支部书记进行分类管理,集中精力打造20名左右专业能力突出、有话语权的品牌"头雁"。

另一方面,在科学精神培养上要更加高效。组织大学习大讨论,以乡镇为单位,在全县层面开展以"共同富裕,兴村有我"为主题的大学习大讨论,引导学习者摒弃盆地思想、山城思维,树立沿海意识、机遇意识,变"要我干"为"我想干",形成浓厚的干事创业氛围,让"领头雁"干有动力。开展大谋划大比拼,结合省市县五年行动方案,举办"担当有为,我的责任"村庄发展项目谋划擂台赛,按照"提前实施一批、储存备用一批、整合包装一批"的思路,建立形成常山县2021—2025年农村发展项目库,让"领头雁"干有方向。强化大统

筹大规划,在全县完成编制新一轮国土规划的基础上,以乡镇为单位,加快"多规合一"实用性村庄规划编制和修编,明确各村发展定位,让"领头雁"干有定力。

(二)聚焦"数字化"改革要求,抓活管理机制

要结合数字化改革要求,建设基于慢城通或浙政钉的"领头雁"管理平台,构建"一网一图一平台"的管理机制。

一是要构建动态监测一张网。依托慢城通平台,结合村庄管理平安指数、服务群众民生指数、集体经济发展指数等,综合开发一套"领头雁"素质提升动态监测网,做到综合集成、一网呈现。构建"领头雁"队伍"多维考核"评价制度,制定年度目标承诺制考核,年终由乡镇(街道)班子、驻村团长、驻村干部、村两委干部对"领头雁"进行立体评价,确定考核评级。

二是要编织管理效能一张图。在"基层党支部书记能力测评指数"的基础上,完善绩效考核机制,构建"领头雁"队伍"四维考核"制度,制定年度目标承诺制考核,年终由乡镇(街道)班子、驻村团长、驻村干部、村两委干部对"领头雁"进行立体评价,确定考核评级。全县村庄管理绩效按照考核结果,按照绿、黄、红进行分类管理,做到管理绩效一图尽知。

三是要编纂高频事项一平台。按照"放得下、接得住、频率高"的原则,梳理村庄管理的高频事项,为每一事项建立相应的工作流程、事项清单实行动态管理,在村(社区)便民服务中心进行公开,做到流程化、科学化管理。同时,将高频事项管理纳入平台,建立工作联络机制,与系统部门联络,确保能实时接受业务指导,做到事前有指导、事中有反馈、事后有告知,切实减轻"领头雁"管理负担。

(三)聚焦"精准化"管理要求,抓准队伍培训

一是要设置专题。针对"领头雁"年龄结构、文化程度、能力水平,实行分层分级精准分类,开展个性化、差异化培训;通过问卷调查、网上征集等方式,理清农村"领头雁"的培训需求,找准施教"靶心";与省市党校合作,开发"领头雁"能力提升专题课程,努力实现"培训提升一人、学习带动一片、发展盘活整村"的效益。

二是要注重实操。坚持问题导向,依托党支部书记学院,开展农村"领头雁"素质提升工程,设置党性教育、实操演练等专题课程,提高新上任"一肩挑"的履职能力;聚焦共同富裕示范区建设,抓准农村基层干部特点,从经济发展、农村治理、矛盾调处等多方面开展专题培训,帮助优化知识结构,增强专业素养,实现业务能力"大提升"。建立党支部书记培训优质师资队伍,针对培训特点和课程安排,可以让党校老师讲理论、让专业部门讲业务、让优秀书记讲经验,确保讲准、讲透、讲实。

三是要打响品牌。把党支部书记学院打造成为培育支书精神的红色基地,让小支部有大舞台、小支书有大作为,深入挖掘、传承弘扬老支书精神,培养造就新时代农村"领头雁"。依托"早上好"支部书记研学基地,丰富场景化教学场所,将其打造成"沉浸式、立体化"支部书记培训综合体,使之成为能力提升的"练兵场"、具体操盘的"实操地"、能力展示的"PK 台"。

林艳琴　唐金木

以跨越式发展打造共同富裕山区样板

——开化县跨越式高质量发展路径研究

中共开化县委党校

加快建设国家公园城市,扎实推动高质量发展,建设共同富裕先行地,是"十四五"时期开化发展的目标定位。"先行"意味着先行先试、先行突破、先行收获,必须深刻把握"共同富裕"内涵要义,必须主动对标省定2025年、2035年"两阶段发展目标",必须坚持问题导向、谋划推动、跨越发展。

一、开化打造共同富裕先行地的成效

2002年和2006年,习近平总书记在浙江主政期间,先后两次到开化视察调研,他强调,"一定要把钱江源头的生态环境保护好","要变种种砍砍为走走看看","人人有事做,家家有收入"。从这三句重要嘱托可以看出,习近平总书记主政浙江时的工作思路,就离不开生态文明和共同富裕的发展理念。

一直以来,开化县历届党委政府始终牢记习总书记的殷殷嘱托和谆谆教诲,把生态产业发展和共同富裕作为最大的政治任务和民生工程来推进,全县上下苦干实干,硕果累累。坚持生态立本,走出了一条以示范窗口为引领的生态文明建设新路径;坚持产业筑基,构建了一套以"美丽+智慧"为核心的绿色富民新体系;坚持改革赋能,打造了一个以包容创新为内涵的山区开放新高地;坚持全域美丽,探索了一套以国家公园城市为龙头的城乡发展新模式;坚持共建共享,开创了一个以人民为中心的社会福祉新局面。2015年,开化全面消除了"4600元以下"贫困现象,2020年又圆满完成年家庭人均收入8000元以下现象清零等"六清零"任务,与省市一道高水平全面建成小康社会,为实现跨越式高质量发展,同步走向共同富裕奠定了扎实的基础。

二、开化建设共同富裕先行地的主要短板

对标"十四五"目标,尤其是对照开化县共同富裕先行地建设7类、62项指标体系,目前还存在不少发展短板。

(一)总量还比较小

生产总值和人均生产总值低,2020年全县生产总值仅150.5亿元,居26县第17位,人均生产总值仅5.9万元,是全省平均水平11.04万元的53.4%,按照省里提出的山区26县高质量发展实施方案的要求,到2025年,生态发展类县的人均生产总值需达到8.43万元以上,也就是说地区生产总值要达到220亿元以上,差距和压力巨大。

(二)收入还比较低

2020年全县城镇和农村人均可支配收入分别仅3.9475万元和2.0647万元,分别仅为全省平均水平的63%和64.7%,分别居26县的末位和23位,要完成2025年达到6.3万元和3.11万元的目标,挑战不小。

(三)财力还比较薄

县级财力对上级转移支付依赖度大,2020年,全县两项支出85.86亿元,两项收入仅占38.2%,上级转移支付占61.8%,其中一般公共预算收入10.2亿元,政府性基金收入22.6亿元,财政运行呈现"紧平衡"和"收支倒挂"状态,且在一般公共预算支出中民生支出占比高达73%,用于保项目、保发展的财力较少。

(四)产业还比较弱

规上工业总产值仅 96.15 亿元、增加值仅 17.98 亿元(按省实施方案 370 亿元的平均数算,到 2025 年需达到 33 亿元以上),中小企业占比高达 95% 以上,"3+1"主导产业的链条化、块状化发展水平低;2019 年度,全县规上工业亩均税收 12.1 万元/亩(全省 30.5 万元/亩,省实施方案要求到 2025 年达到 20 万元/亩),列全省 77 位;全社会研发经费投入 1.33 亿元,占生产总值比重 0.91%(分别列全省 82 位、83 位)。同时,受产业链水平低和基础配套设施弱的影响,科创人才和优质项目引进难。

(五)转化还比较难

虽然成立了全省首个县级生态产品价值实现机制研究中心,全县自然资源资产总量超 2500 亿元,GEP 超 700 亿元,成立了生态资源资产经营公司,发放了全省首笔 300 万元的森林碳汇价值质押贷款,但与丽水等地区相比,生态资源向经济增长转化的途径仍然不宽、成效依旧不明显,GEP 核算、自然资源资产负债核算工作的精准应用尚未落地,资源和资本互促、自然资源资产化服务、生态信用体系等新型生态产品市场化机制尚未建立,生态资产与产业资本的对接渠道尚未打通。

(六)要素还比较缺

土地、能耗要素紧缺,难以保障发展需求。土地要素方面,受限于"九山半水半分田"的地理条件,可垦造耕地和复垦建设用地空间小(2020 年全县通过"十类地"整治仅获指标奖励约 404 亩,其中盘活存量获奖励指标 148 亩,建设用地复垦获奖励指标 256 亩),特别是涉林垦造耕地整改停滞后,垦造耕地空间基本为 0,三项指标非常吃紧。近 3 年上级累计下达计划指标 2651 亩,但各类项目共需保障指标 5773 亩,供需矛盾突出。能耗要素方面,能源消费总量极低,2019 年仅 64.2 万吨,单位 GDP 能耗仅 0.48 吨标准煤/万元,均居衢州市末位,在能源"双控"的大形势下,既要保能耗下降又要保发展的矛盾非常突出,已有多个招引项目因能耗指标难以保障,流失到外地。在下一步确定碳排放峰值时,如以现量作为基准量,开化未来的产业发展将受到严重制约。

(七)基础还比较差

开化在城市基础设施、重大交通设施、社会事业发展等方面基础较差、历史欠账较多,如全县公路密度仅 73.34 千米/百平方千米,在 26 县中排名倒数第 4。在当前未来社区建设、数字化改革、教育卫生优质均衡发展等新要求下,面临着既要补课又要超前的双重压力。

三、开化建设共同富裕先行地的对策

当前,省委省政府出台了支持全省山区 26 县跨越式高质量发展、支持浙西南革命老区振兴发展等一系列政策,这对开化推动跨越式高质量发展是一场"及时雨"、一针"强心剂"。对于如何抢抓机遇、快速推进,打造共同富裕先行地,本文建议精心做好以下五篇"文章"。

(一)精心做好"深绿"文章

生态是开化最大的优势。近年来,开化通过主动开展钱江源国家公园体制试点和生态产品价值实现机制试点,在推动生态产品价值实现、促进生态富民惠民上积累了一定的经验,但对标省委"更高水平实现生态惠民、生态利民、生态为民"的要求,还存在较大短板。建议在架构设计上,要紧抓国家公园城市这一核心,在标准创设、功能拓展、路径开发、绿色金融、体制机制等方面下功夫,要系统形成开化县生态产品价值转化的路径目标等,全力破解当前多头管理、价值认定不一、金融产品市场认可度不高等瓶颈。在实施主体上,要深入研究《关于深化生态保护补偿制度改革的意见》,坚持政府和市场双向发力,形成"政府引导、市场运作、多方参与"的长效机制,可以探索"政府十企业十社会组织"和"产业化经营十虚拟化市场交易"两种模式,创新一批转化平台,大力发展一批生态产品利用型、生态产品赋能型、生态产品影响型产业,推动实现以生态育业态。在具体措施上,支持做大强村公司,做强生态资源资产经营公司,提升农民组织化程度,打通生态资源向经济增长转化通道。如安吉生态资源资产经营公司的"运营管理一盘棋、资源整合一张图、服务集成一条龙、项目管理一把尺、利益联结一体化""五个一"模式,扎实做好生态资源收储整合,使县乡村三级体系构架纵向到底,GEP 转化率接近 30%,真正探索出了"资源可转换、价值可量化、市场能参与、百姓有收益"的转化路径。要积极引入国家地理等重量级平台,加大对好山水的推介。加强数字赋能,接轨现代科技,创设好生态产品价值转化的特色场景,让 GEP 在共同富裕中发挥更大作用。

(二)精心做好"数改"文章

山区县跨越式高质量发展,数字化改革是一条有效的路径。站在数字化、生态化的时代风口,山区县前所未有地站在了舞台中央,从发展的"配角"成为"主角"。顶层设计上,围绕"制度重塑+政策供给+数字化手段运用",谋划实施"数字化赋能共富先行地"行动,在打造共同富裕先行地大背景下开展需求分析,率先形成与数字变革相适应的生产方式、生活方式、治理方式,并形成一批标志性成果。在落实举措上,要找准发力点。一是可以探索以大赛促发展的模式,加速数字化、特色化应用落地。遂昌县就举办了 2021 全国数字生态创新大赛,是国内首个以"数字化下沉"为赛事方向的创新大赛,吸引到全球 12 个国家和地区共计 5074 支队伍参赛报名。大赛以"天工之城——数字绿谷"建设为契机,汇聚全国创新科技人才,依托遂昌丰富的自然、文化和旅游资源,发掘数字技术与"科创、农创、文创"融合发展的新场景、新应用。二是加强对数字经济头部企业的招引。要在开化发出"在最美最好的地方,发展数字经济;以向往的生活,聚集有趣的人"的招商口号,以"新科技的应用场景演示+激发灵感的最美自然"的组合方式,招引数字经济重量级企业入驻。尤其是当前要紧抓开化水库建设这一重大契机,超前谋划开化水库数字经济产业布局,建设以数据储备为特色的大数据中心,争取使水库成为长三角大数据产业重要节点。遂昌县在水域面积 32 平方千米的仙侠湖,与阿里巴巴等头部企业合作,打造"天工之城——数字绿谷",乘"云"而上成为绿色创新第二空间、数字人才培训工场、山地休闲向往之地。截至 2021 年 6 月,该项目社会资本合同投资额已超 75 亿元。三是加快数字乡村的布局。探索"政府政策支持、邮政运营、快递企业通力合作"的服务模式,建设数字乡村公共服务中心,破解快递进村"最后一公里"和农产品上行"最初 100 米"两大难题,在此基础上通过品牌化包装、直播销售、电商运营等,激活乡村产业。

(三)精心做好"增收"文章

增加城乡居民收入是扎实推进共同富裕的关键领域和主要抓手。对开化而言就是要牢记习近平总书记"人人有事做,家家有收入"的重要嘱托,着力拓宽群众增收途径,提高群众收入水平。一是紧抓重大战略机遇,围绕三次产业发展,切实做大做强钱江源系列品牌。2017 年,中央"一号文件"首次将区域公用品牌概念引入其中,明确了在推动小农户与大市场对接中,政府需要提供打造"区域公用品牌"这种特殊的"准公共品牌",提供相关的区域公共服务。针对开化县钱江源品牌的现状,应加强与专业机构合作,发布高质量的品牌运营蓝皮书,系统化推进钱江源品牌的打造,建立一、二、三产融合发展产业链,细化社会分工,赋能经济发展,促进共同富裕。目前,丽水已经与浙江大学中国农业品牌研究中心合作发布了丽水山根品牌运营蓝皮书。二是加快发展"两茶两中一鱼"等富民产业,建议要围绕全产业链发展,开展深入细致的调研,形成系统集成的产业发展政策,找准发展的着力点,推动传统产业振兴。如清水鱼产业,要在成功申报中国农业文化遗产的基础上,借助中国农业大学的力量,积极申报全球农业文化遗产。同时,以"一业一联"的模式因地制宜组建"两茶两中一鱼"等省级乃至国家级农业特色产业链。探索开展特色产业供应链金融试点,推动设立特色产业发展基金。三是深化农村产权制度改革,努力增加群众财产性收入。建议积极借鉴学习外地先进经验做法,搭乘数字化改革的东风,搭建专项交易平台,鼓励村集体经济组织结合本地实际,探索土地经营权有序流转的途径和模式,建立健全农民自愿退出宅基地奖补机制,深化"宅基地换养老"、农民公寓等模式,让"沉睡资产"焕发生机。如东阳将土地经营权流转共享,在黄土地、抛荒地上建成可生息、可运营的田园项目,16 个乡镇(街道)推进 19 个"共享田园"建设,传统农村变身产业基地,广袤农村源源不断释放出新活力。磐安利用良好的生态环境和农村闲置住宅,推出"共享农屋"项目,吸引外地市民来此创业、休闲、养老,闲置资源转化成了经济红利,为村民带来更多收入。四是加快实施小县大城富民安居工程,全力构建"人与城""产与城""乡与城"融合互促的良好发展局面,积极创建国家新型城镇化建设示范县。

(四)精心做好"改革"文章

开化是加快发展县,同时也是践行"绿水青山就是金山银山"理念的先行县,在生态建设、生态转化领域有着扎实基础和先发优势,建议下一步要更加深入地做好改革这篇文章,特别是要通过争创一批有影响力的牌子、开展高效益的试点和突破性的改革,来实现弯道超车目标。具体来说,在创建方面,建议紧盯全国"绿水青山就是金山银山"实践创新示范基地、国家全域旅游示范区、全国文明城市、"低碳"及"零碳"示范县、省级美丽乡村标杆县、省"大花园"示范县等几块牌子,推动省里制定相关具体的扶持政策,在资金、要素、技术等方面寻求实质性支持;在改革试点方面,建议紧盯钱江源国家公园体制试点、GEP核算机制、生态产品价值实现机制、水权交易试点等,打响生态品牌。

(五)精心做好"招引"文章

开化要在"十四五"期间实现高质量发展,打造共同富裕先行地,必须要有一批又一批新项目新产业来支撑,从而形成"滚雪球"效应。一是在招商引资方面,建议要聚焦"招什么""怎么招"重点环节领域,充分发挥资本和产业链的媒介和枢纽作用,放大国资效应,构建政府有为、市场有效的发展新模式,将行政主导下的单打独斗变为"政府引导、市场运作"的协同作战,持续放大经济效应。如安徽合肥就坚持"以投带引",依托三大国资平台,围绕投资全链条打造"引进团队—国资引领—项目落地—股权退出—循环发展"闭环;深圳在多家企业陷入危机时介入,通过议价实现抄底纾困,顺势导入产业项目,并依托园区拓展了"空间+金融"服务链。二是在招才引智方面,在与各地比拼政策的同时,建议要进一步发挥校地合作的优势,在组织部门的牵头下成立校地合作联盟,建立"1＋X"的组织构架,打造一系列合作基地,推动实现资源共享、优势互补,吸引更多新科技成果和高科技项目在开化落地转化、做大做强。同时,可率先探索远离都市圈的杭州远郊发展模式,优化"人才飞地"模式,以生态创意经济为主通道,依托百里金溪画廊筑巢引凤,让人才"飞进来",实现人才共享。

徐开宏

补齐区位短板　强化精准施策

——三门县跨越式高质量发展路径研究

中共三门县委党校

近年来,三门县贯彻时任浙江省委书记习近平在 2003 年调研三门海洋经济时提出的"要充分发掘水产、电力、港口等资源优势,进一步加快经济社会的发展步伐"要求,探索跨越式高质量发展的新路径。2020 年,三门县地区生产总值和规上工业增加值分别排浙江山区 26 县第 7 位、第 3 位,三次产业增加值比例为 12.8∶41.8∶45.4,城乡居民人均收入倍差降至 1.78,相比其他大多数山区县,三门县经济总量较大、结构相对均衡,但仍大幅落后于周边的宁海、临海等地区,与平阳、苍南等山区县同样面临"靠海而不亲海"的发展困境。本文就三门县发展现状及短板进行剖析,以期总结发展经验,为其他类似山区县提供发展样本。

一、当前三门县跨越式高质量发展面临的困境

(一)从区位优势看,"虹吸效应"大于"辐射效应"

三门县拥有融入长三角、接轨沪杭甬、联动三门湾的区位优势,已通过"辐射效应"搭建了台州北部湾区等开放平台、打通了沿海高速公路等交通动脉、招引了韵达(三门)产业园等大型项目,但由于位于甬台两市行政交界区、中心城市辐射边缘区、多山少田地势复杂区,人才、资金等要素长期净流失,

"大树底下不长草"的"虹吸效应"更为凸显,年均有 6 万以上的人口净流出至宁波、台州市区等地。

(二)从产业发展看,"低少散弱"盛于"高新聚强"

三门县制造业仍以橡胶、汽摩配等传统产业为主,规上企业仅 238 家,存在产业规模较小、龙头创新引领能力较弱、产业较低端等问题。而新材料等新兴产业规模总量不大,新旧动能转化尚需时日。究其原因,一是产业平台创新能级较低;二是特色资源未有效挖掘且呈散点状分布;三是创新、土地、资金等要素较为紧缺,可建设用地较少,工业用地集约度不高,2020 年三门县规上工业亩均增加值、规上工业亩均税收分别为 98.3 万元、13.1 万元,与全市平均水平(115.6 万元、20.7 万元)有较大差距。

(三)从城市建设看,"碎片布局"多于"系统规划"

三门县在 2013 年底方完成乡镇行政区划调整,中心城区首位度较低的问题尚未根本解决,三大街道一体化程度偏低、城乡接合部连接枢纽作用较弱、城区之间快速通道暂未形成,因此,三门县城市化率仅从 2015 年的 56% 稍微提至 56.3%。此外,由于前期在城市规划上出现了整体定位的反复调整,城市布局和项目招引缺乏时间延续性和空间合理性,产城融合的进度也受到影响,滨海科技城的"有城无产"和沿海工业城的"有产无城"已经延缓了人口和产业的协同集聚。

(四)从乡村振兴看,"空心衰落"快于"内生增长"

虽然三门县的城西村、涛头村等明星村已经通过城镇化、产业化等方式实现了内生增长,但是仍有较多自然村尤其是高山村的老龄化、空心化问题较为突出;部分村发展严重依赖政府投入,"自我造血"能力不足。农村公共服务一体化推进举步维艰,尤其在养老、医疗、教育等领域难以满足乡亲日益增长的美好生活需求。山林海湖滩等生态资源的转化途径较为单一,未构建更多元的生态产品价值实现机制。

二、三门县推动跨越式高质量发展的路径思考

(一)强化组织保障,制订行动计划

充分发挥三门县高质量发展建设共同富裕先行县领导小组的协调作用,并突出共同富裕工作专班的支撑作用,协调解决山区跨越式高质量发展过程中的困难和问题。在"十四五"规划纲要的基础上,正式印发了《三门县跨越式高质量发展五年行动计划(2021—2025年)》,明确了各区域功能定位、主要目标等内容,并提出了六项重点任务及八大标志性工程。

(二)提高平台能级,开放合作共赢

为了深入实施省委提出的做大产业、扩大税源行动,一方面,谋划创建更高能级的产业平台,在原有"三港三城"的基础上,深入推进三门经济开发区整合提升,加快形成"一区二片"(三门经济开发区核心区、临港产业城片区、沿海工业城片区)总体布局,并启动省级高新园区创建工作;另一方面,进一步深化"山海协作",与台州湾新区共建约3000亩的"飞地"产业园,重点布局和发展汽车及零部件、生命健康等产业。推进"创新飞地"建设,三门湾(杭州)科创广场、宁波·三门协同创新基地挂牌运营。

(三)优化产业体系,构建创新生态

重点支持橡塑产业成为"一县一业"名单内的拳头产业。构建"4+3+X"现代工业体系,巩固提升橡塑、电力能源、汽摩配、装备制造等四大优势产业,引导支持生物医药、冲锋衣、新型建材等三大特色产业发展,加快培育新材料、海洋装备、通航产业等新兴产业。加快构建创新创业生态,建成投运8万平方米的三门湾科创广场,与香港理工大学、浙江大学等8家高等院校达成合作,橡胶和冲锋衣产业创新服务综合体先后列入省级创建名单。加速培育战略性新兴产业,浙大OLED项目小批量生产,产品性能达到国际领先水平;震

合科技聚乳酸项目顺利量产,2021 年累计销售额 5000 万元。

(四)坚持数字赋能,改革迸发活力

抢抓数字化改革机遇,以构建"助共体"场景应用为特色,整合全县 46 项帮扶政策,申请人只需在线一次提交申请,系统自动匹配帮扶政策,并推送至各部门和社会组织,办结后以"幸福清单"形式反馈帮扶结果;截至目前,已帮扶困难群众 787 名,政策兑现办结 3583 件。"最多跑一次"改革持续深化,"银章联办"、行政罚款"扫码付"等工作推进走在省市前列。推进"三服务"走深走实,近三年无一家本土优质企业外流。

(五)加快产城融合,促进乡村振兴

构建"一核两城多极"空间发展格局。谋划推进三江口、许家塘至葫芦峧区块开发,打造疏解老城、连接新城的节点。抢抓健跳港国家一类对外开放口岸获国务院批复、六敖区块入选浙江自贸区台州联动创新区的战略机遇,推动"健跳镇+临港产业城""以产兴城"。以省级小城市为建设标准,谋划浦坝港新城区"未来社区"建设,推动"浦坝港镇+沿海工业城""以城促产"。实施"一镇一策"差异化发展,推进新时代美丽乡村片区组团行动,持续推进"百村万院"海上大花园建设。

(六)提升公共服务,推动生态富民

完善多层次老年社会保障体系,在亭旁镇刘家村启动全省第 44 家"圣奥老年之家"。实施"卫生健康山海提升"工程,全面深化与浙大一院的战略合作关系。加强与杭州学军中学、上海市三门中学等名校的合作,新建(改建)泗淋实验幼儿园等一批乡镇(街道)公办中心幼儿园。充分发挥三门鲜甜农业科技园区等平台作用,吸纳本土群众就近就业。推进"鲜甜三门"区域公用品牌建设,以鲜甜产业带动农民致富。

三、推进三门县跨越式高质量发展的建议

(一)借助省市帮扶合力,抓紧分类施策红利

抓紧省级层面为以三门县为代表的有一定工业基础、城乡地区收入差距较小的山区县提供的政策倾斜,努力率先实现山区县"脱帽"。一是争取产业发展倾斜。力争对三门县的省市重点产业项目进行全额财政资金补助,取消县级资金配套要求,并加强对产业项目的全程监督。二是争取公共设施倾斜。利用好浙江人才大厦等平台建设"人才飞地",使落户人才可叠加享受"飞入地"的公共服务和"飞出地"的支持政策。进一步深化与浙大一院的战略合作关系,加快推动医学影像检查资料和医学检验结果互认共享。三是争取高端智库倾斜。利用社科赋能,列出影响三门县发展的"拦路虎"清单,邀请省级高校院所进行蹲点调研及联合攻关。

(二)以嵌入产业链群增强内生发展动力

要在新发展格局背景下,力争在纵向密切分工、横向密集成群的产业链群中谋求更大话语权。一是提升纵向分工深度。巩固提升橡塑等传统优势产业在国内外产业链创新链中的地位,助力三维、元创等龙头企业成为链主企业,支持其创建省级重点企业研究院等高层级企业研发机构。二是夯实横向集群厚度。进一步发挥省级橡胶产业创新服务综合体等平台的创新服务功能,推动更多中小微企业在关键细分领域形成创新优势,培育更多"小巨人"企业。三是扩大新兴产业广度。通过外引内育等手段,加快形成新兴产业增长极。如在三维股份的内蒙古可降解塑料项目及震合科技聚乳酸项目的基础上,谋划发展可降解塑料产业链。四是巩固校地合作力度。如给予参与产学研合作等实践活动的研究生团队补助经费,鼓励企业对协助攻克技术难题或研发拳头产品的研究生团队提供销售利润分成,允许导师或研究生团队技术入股等。五是完善要素保障强度。一方面向省级争取更多的能源及

建设用地指标,另一方面通过全面整治低效企业、低效用地,推动新一轮"腾笼换鸟"。

(三)以拥湾开放发展谋求合作共赢交集

相比其他山区县,地处湾区是三门县最大的比较优势,也是三门县融入长三角的关键。一要提升健跳港开放能级。争取进入省海港集团全省港口一体化战略布局,将健跳港的海港优势转化为开放合作的关键筹码。利用健跳港获批国家一类开放口岸的契机,力争建筑石料采矿权的优先保障指标,将健跳港建设为辐射浙东乃至长三角的新型建材基地。二要发展甬台合作"双向飞地"。基于建设用地指标置换、财政收益共享等利益交集,既将沪甬台合作产业园建设为承接甬台重大产业项目的"产业合作园",又在杭州湾新区等高能级平台谋划不少于 1 平方千米的"产业飞地"。三要深度接轨上海。梳理闵行区莘庄工业园企业的上游清单,撮合三门县企业与该园内机械及汽车零部件、新材料、生物医药等行业的企业进行产业配套。与上海大学等高校院所加强校地合作,鼓励其围绕海洋经济、共同富裕等主题来三门县设立研究院(中心)。

(四)以挖掘生态禀赋拓宽绿水青山与金山银山的转化通道

要进一步挖掘三门县山海兼具的生态禀赋。一是搭建生态效益转化平台。将"三门蛇蟠岛—宁海蛇蟠涂区块"建设为推动生态效益协同转化、落实浙东经济合作区甬台(三门湾区域)毗邻乡镇联席会议制度的主要平台。二是建立海洋特色生态产品价值核算体系。与宁波大学积极合作,成立三门湾GEP核算课题组,努力在湿地、滩涂、海岛为生态产品的海域生态系统价值核算上实现创新突破。三是探索多种生态产品价值实现路径。针对三门游客无推荐场所品尝小海鲜的问题,可在涛头村或蛇蟠岛建设"三门小海鲜综合体验中心",打造品鲜、观鲜、捕鲜、购鲜为一体的全流程生态产品体验站。探索滩涂经营权抵押贷款等绿色金融运作方式。积极引入市场主体,探索多元化生态补偿机制。

(五)以建设山海水城深化城乡融合互补

要深入贯彻"小县大城、产城融合、组团发展"战略,推进新型城镇化建设。一是继续推动城市重心向海转移。通过构建城市综合体等标志性项目,加速三江口城市新核心能级提升,全面打通城区互通大道。通过打造"三门湾文旅小镇""开元大酒店""泰和汇"三大板块,为滨海科技城招引更多产业项目提供更好的城市环境。进一步提高健跳镇及浦坝港镇的城镇公共服务水平,从而助推临港产业城和健跳镇、沿海工业城与浦坝港镇的产城融合。二是加快特色城镇发展。如依托亭旁"浙江红旗第一飘"红色资源,进一步整合"非遗+研学"元素,尤其要将亭旁起义过程、祭冬仪式等编排为常态化表演节目,并争取加入"浙里红"线路。三是集聚资源发展美丽乡村。因地制宜推广"大搬快聚富民安居"工程,整合力量进一步发展中心村。与台州学院等加强合作,对历史文化村落、"空心村"进行"一村一策"保护式开发。

(六)以提升民生福祉为抓手创建幸福城市标杆

实现共同富裕就要让民众有实实在在的获得感。一是拓宽产业富民渠道。加快冲锋衣等富民产业的规模化、品牌化、电商化。借鉴宁波等地试行的"共享稻田""共享湖泊"等模式,创新运用众包、众筹、共享等新经济理念,探索"共享滩涂"等方式。二是构建分层分类大救助体系。深化"助共体"改革,构建以基本生活救助为主体、专项救助为支撑、急难救助为辅助、慈善救助为补充的分层分类梯度救助制度体系。三是推动公共服务共享。积极引导和鼓励村集体资金和民间资金参与建设普惠性幼儿园。完善推广养老服务机构"公建民营"模式,鼓励养老服务专业化、品牌化、连锁化发展。

章一多

加快数字乡村建设　助推共同富裕

——天台县跨越式高质量发展路径研究

中共天台县委党校

浙江省要建设高质量发展共同富裕示范区,必须要推动26个山区县的发展。在数字化改革和共同富裕的历史交汇期,厘清数字乡村建设的主要内容,立足实际,走稳踩实数字乡村建设之路,成为浙江推进高质量发展,建设共同富裕示范区的关键一环。台州市天台县通过数字乡村建设,全方位赋能农业生产和农村生活,探索了乡村振兴的"天台模式"。本文在摸清天台县数字乡村建设发展现状的基础上,分析天台县数字乡村建设面临的现实挑战,并针对数字乡村建设助推共同富裕这一课题展开思考,提出相应的对策建议。

一、天台县数字乡村建设的发展现状

天台县数字乡村建设以农业生产智能化、农村流通高效化、社会治理精准化、生活形态智慧化、文化观念现代化为目标,通过全方位的数字赋能,促使农业生产与农村生活发生根本性变革。

(一)农业生产智能化

产业是脱贫之基、富民之源,必须坚持把"兴产业"摆到共同富裕的突出位置,尤其是要构建与共同富裕相匹配的现代农业产业体系,通过做强现代农业造富。当前,天台县乡村拥有3.51万就业人员,第一产业容纳了2.09万人,个体就业 1.42 万人,其中,很多是季节性、临时性就业,更多地表现为不充分就业。通过数字乡村建设,运用数字化信息技术,对传统农业全产业链进行改造提升,并结合科学的管理制度,大力发展现代农业、智慧农业,可以提高农业全要素生产率,增加农民收入。目前,天台县已建成本心农业、里田农业、旺旺野生植物等数字植物工厂以及和盈畜牧、亿顺牧业等数字牧场。"十三五"期间,农林牧渔业增加值为 16.63 亿元,年均增长 6.2%,农村居民人均可支配收入增速为 9.7%,城乡居民收入差距从 2.03 倍缩小到 1.92 倍。

(二)农村流通高效化

传统农产品流通一般会经过生产者、经销商、批发市场、超市等多个中间环节,存在流通组织化程度低、流通环节多、损耗大、成本高、信息不对称等问题。数字技术为解决上述难题提供了技术支撑。以互联网和信息技术为支撑的线上信息平台,将农产品流通过程中的农户、批发商、经销商等连接起来,提高了农产品供应环节的透明程度,降低了流通环节的交易成本,开发了农产品的市场潜力。目前,天台县已建成绿色农产品物流园、天台大农场农产品城市展厅、大农场张思体验馆等县乡两级农产品电商服务点;建成天台农汇通农产品批发有限公司、台州优达农业发展有限公司等农产品配送电子商务公司,总投资 6.5 亿元。

(三)社会治理精准化

乡村有效治理是共同富裕的基础。传统基层治理面临村民参与治理程度低、决策有失科学性、治理忽略时效性等挑战。数字乡村建设是乡村治理数字化的助推器,通过大数据手段可以感知农村社会态势、畅通沟通渠道、辅助科学决策,加强农村资产、资源、生态、治安等领域的精准管理,推动信息化与乡村治理体系深度融合,实现对乡村全范围、全领域的治理。例如,天台县街头镇后岸村,构建了"数字乡村一张图",可视化呈现乡村规划、乡村经营、乡村环境等五大板块,开启"一图全面感知"的乡村智治新模式。

(四)生活形态智慧化

共同富裕,既要富口袋,也要富脑袋,必须坚持物质与精神协同发展。通过数字乡村建设,互联网在农村日益普及,村民通过电脑、手机上网获取信息已逐渐成为常态。通过数字化转型,政府建立政务公开平台,推进更多涉农服务事项网上办理,提升在线办理效率,让数据替农民"多跑腿"。此外,信息技术类企业积极开发各类便民应用程序,为农民提供诸如智慧医疗、智慧教育、智慧交通、智慧党建、数字社会保障、数字文化娱乐等智慧化生活服务。当前,全县已上架"浙里办"应用程序 9 个(天台微民生、天台城区公交、天台城乡公交、天台健康管家、天台山门票、天台水费缴纳、天农优品、游商安家、智慧心理),落地"智慧三资"多跨场景应用,实现全县 374 个行政村全覆盖。

(五)文化观念现代化

乡村文化建设滞后、乡村文化自信缺失等问题已成为制约我国乡村发展的重要因素。国家数字乡村战略的实施,拓展了乡村文化的内涵和外延,突破了乡村文化资源的局限,促进了乡村文化与经济的全面融合。在数字乡村建设背景下,农民可利用平台接触更多的外界信息,学习现代信息技术,这有助于缩小城乡数字鸿沟,提升农民数字化素养,改变农民的生产、消费、就业等观念。例如,赤城街道塔后村投资 3000 万元打造塔后书院,获评"中华诗词之村"、中国美丽休闲乡村等。目前,该村正在推进人脸识别、智能导游等数字化旅游项目。

在数字化改革和共同富裕的历史交汇期,用数字乡村建设助推共同富裕,既有必要性,更有可能性,而且正实实在在发生着。数字乡村建设是农业、农村及农民数字化转型的必经之路,要以互联网信息技术,解决乡村发展问题、乡村治理问题、城乡差距问题,推动农业提质增效、农村文明进步、农民增收致富,实现城乡共同富裕。

二、天台县数字乡村建设面临的困难

推进数字乡村建设虽然是大势所趋、政策所向,但从顶层设计、发展基础、主要抓手和要素支撑等方面来看,天台县数字乡村建设仍然面临严峻挑战。

(一)自上而下的力度还不够大

乡村振兴战略中已经提出"实施数字乡村战略,做好整体规划设计"的要求。但目前,数字乡村建设还处于自下而上的地方自主探索阶段,缺乏体系化、规范化的建设标准和技术指标。例如,塔后村、后岸村打造数字乡村的思路、理念、方法、技术都不一样,在数字化改革"152"体系的大框架下,必须要规范数字资源系统建设,编制标准化数据目录,提升数据归集、调用的能力,以免造成资源的浪费。

(二)乡镇(街道)的工作还不平衡

各地乡村信息化基础差异较大,根据相关统计报告,浙江省数字基础建设情况地区不平衡现象比较突出(基础设施包括网络基础设施和数字网络普及),只有 39 个县(市、区)得分高于 100 分,极差达 93 分(江干区 155.3 分,庆元县 62.3 分)。天台县在报告总排名中列第 64 位。从天台县内部来看,塔后村、后岸村已经开始推进数字乡村建设,坦头镇、白鹤镇农村电商领跑全国,始丰街道以数字乡村为抓手,着手打造"一溪两岸八村"的共同富裕示范带,目前正在规划设计,而其他乡镇(街道)还只是停留在单方面的数字化转型阶段,有待进一步推进工作。

(三)场景落地的数量还不够多

数字乡村是一个大场景,是有力支撑人民群众全生命周期公共服务、实现"12 个有"(幼有所育、学有所教、劳有所得、住有所居、文有所化、体有所健、游有所乐、病有所医、老有所养、弱有所扶、行有所畅、事有所便)跨部门协同的关键单元。当前,天台县的智慧医疗、"智慧三资"、低收入农户帮促平台已经先行先试,取得一定成效,而旅游、救助、养老、文化、民生关键小事等多跨场景应用还处于谋划阶段,"教育大脑""旅游大脑""救助大脑""养老大脑"四个重大应用还需要加速顶层设计,进行增量开发和迭代升级,使其在数字乡村场景中落地。

(四)资源要素的支撑还不够强

人才、资金、技术等要素不足成为乡村振兴的主要制约因素,在数字乡村建设中更加明显。一方面,财政力量投入严重不足,每年用于农业农村信息化建设的财政预算不到 0.1%,而数字乡村建设资金需求较大,以始丰溪畔数字乡村为例,预计需要资金 5 亿—7 亿元,资金缺口较大;另一方面,人才流失严重,老龄化水平高,农村公共服务依然存在短板,老年人等弱势群体的数字鸿沟问题日益突出,影响了数字乡村建设的进程。

三、天台县实际推进数字乡村建设的建议

天台县要建设共同富裕标杆县,必须大力推进数字乡村的建设。

(一)推进数字乡村,落实乡村共同富裕主引擎

前一个阶段,天台县通过"千村示范、万村整治"、党建联盟引领片区化组团发展,全面推进乡村振兴,获评 2019 年度全省实施乡村振兴战略优秀单位。后一个阶段要以数字乡村建设为抓手,全面打造乡村振兴 3.0 版,积极探索数字赋能,全面提升天台显示度、辨识度。加强顶层设计,以数字产业化、产业数字化、治理数字化和生活数字化为突破重点,体系化、规范化推进数字乡村建设,加快实现现代信息技术与农业农村的深度融合,努力扩大数字乡村的覆盖面和影响力。打造一批乡村共富联盟示范项目,做大做强黄茶等特色优势农产品,打响"天台山云雾茶""天台黄精""天台乌药"等农产品品牌,以线

上信息平台连接农户、批发商、经销商等多个环节,降低农产品流通交易成本,让老百姓有更多的获得感、幸福感、安全感。坚持试点先行,积极争取数字农业工厂、未来乡村建设、农业农村投资"一件事＋明白纸"集成示范等省级试点,争取后岸村、安科村、塔后村等作为数字乡村先行先试单位,结合"先富带后富、先进帮后进"的党建联盟模式与其他地区组团发展。如后岸片区党建联盟,可借助数字乡村试点搭建智慧旅游平台,整合片区内观光旅游、文化体验、精品民宿、特色餐饮等资源,推进联盟内其他乡村建设提质扩面。

(二)聚焦"五化＋场景",开启数字乡村建设新征程

聚焦人本化、生态化、数字化、融合化、共享化和数字邻里、文化、健康、生态、产业、低碳、交通、教育、养老、治理等"五化＋场景",突出天台的鲜明辨识度。坚持系统谋划、综合推进,明确"1＋1＋10＋N"(1 个规划设计方案、1 个平台、10 个场景和 N 个共同富裕评价指标)的数字乡村创建模式,从经济富裕、服务优质、文化先进、生态宜居、社会和谐等 5 个维度进行分类别评价,重点推动产业、服务、治理等 3 个领域尽快取得实质性突破,为打造共同富裕现代化基本单元提供天台经验。聚焦乡村产业数字化,推动数字技术与农业农村经济深度融合,加快农业生产经营、流通营销、农旅产业等数字化改造升级,促进农村一二三产业融合发展。聚焦乡村服务数字化,围绕村民在教育、医疗、养老、救助、信息等领域需求,引进、培育数字生活开放平台,丰富在线教育、在线医疗、在线文体等线上消费业态,加快规划建设便民生活服务圈,完善农村综合性服务网点。聚焦乡村治理数字化,建立以"和合智治"为核心的基层治理体系。注重将数字技术、和合文化融入基层治理各方面、全过程,推广线上"村民说事"等一批新模式,构建党建统领"四治融合"的现代农业农村治理体系。通过智慧互联和数字赋能,系统性重塑乡村生态空间、产业发展、人居环境、基础设施、公共服务和乡村治理,打造整体智治、共同富裕的美丽乡村新格局,建设引领品质生活体验、呈现未来元素、彰显天台和合文化特色的示范性乡村新社区。

(三)强化资源要素,保障实现数字乡村建设新跨越

围绕数字浙江建设中的"三农"领域这一短板,整合业务数据和信息资源,对接城市大脑、基层治理"四平台"等现有平台,完善建设数字"三农"协同应用平台,涵盖1个农业农村数据仓、1张全域地理信息图、1个数字化工具箱、五大领域核心业务应用,提升全县农业农村数字化管理与服务能力。坚持党委总揽全局、协调各方,统筹整合涉农资金,健全涉农金融机构和涉农金融产品体系,加强与互联网平台、企业合作,通过政府采购、合作开发等模式,为数字乡村建设提供强大的资金支撑。充分发挥第一书记、驻村干部、科技特派员等的作用,加强农民信息素养培训,拓展老年人学习和社交信息平台,提升老年人运用数字技术、适应数字社会的能力。实施"两进两回"行动,广泛吸引信息化人才下乡创业创新,参与数字乡村建设。建立数字乡村专家决策咨询制度,组织智库加强理论研究,开展问诊把脉、基层送服务活动,指导各地推进数字乡村建设。通过数字乡村建设,探索更具天台特色的乡村振兴新模式,推动县域行政村实现新时代美丽乡村达标创建,建成省级新时代美丽乡村共同富裕示范带。

高文倩　赵攀奥　王　禄

全力打造"四地" 探索共富"仙路"

——仙居县跨越式高质量发展路径研究

中共仙居县委党校

加快推进山区 26 县跨越式高质量发展是浙江省忠实践行"八八战略"、奋力打造"重要窗口"的重要抓手,是缩小地区发展差距、实现共同富裕的重中之重。仙居县作为浙江山区 26 县之一,近年来积极探索形成具有仙居特色的高质量发展推进共同富裕的有效路径。2020 年,全县地区生产总值 260.5 亿元,城镇常住居民和农村常住居民人均可支配收入分别达到 45741 元和 24454 元,基本实现居民人均可支配收入较 2010 年翻一番。其中,低收入农户人均可支配收入同比增长 16.2%,增速居台州市第 1、全省山区县第 5。仙居努力建设共同富裕示范区山区样板,为浙江共同富裕示范区和台州共同富裕先行市建设提供了仙居素材、仙居模式。本文从四个方面对仙居特色高质量发展路径进行分析总结。

一、加快绘就山水画,全力打造世界级旅居目的地

(一)核心景区引领全域旅游

坚持全域谋篇布局,做大做强神仙居 5A 级景区和神仙居旅游度假区,树立以核心景区集聚带动发展理念,统筹推进景观打造、区域环境整治、交通组织优化、景区扩容提升、重点项目建设、业态培育、配套设施建设、生态引才和

美丽乡村建设等工作,按照"以点连线、延线成片、连片成面"的原则,集中提升"吃住行游购娱"旅游要素供给水平,形成山上山下、村内村外联动发展效应,打造环神仙居大花园共同富裕示范带。截至 2021 年 10 月,神仙居景区接待游客 127 万人,较 2019 年同比增长 148%;营收 2.15 亿元,较 2019 年同比增长 204%。神仙氧吧小镇内已形成农家乐民宿特色村、古民居体验特色村、乡村慢生活耕读体验村、农旅融合特色村等一批美丽乡村建设精品示范窗口,提升了景区品质及游客接待水平。

(二)要素集聚保障优先发展

坚持创新释能,畅通"绿水青山就是金山银山"转化通道,实现乡村旅游高质量可持续发展。一是加强机制供给,成立以县委、县政府主要领导为双组长的全域旅游发展领导小组,各乡镇(街道)设立旅游办,村级层面设立旅游专员,形成县乡村"三位一体"全域旅游管理格局。县财政每年安排 2000 万元省 A 级景区村庄创建专项资金,对乡镇、村居实行以奖代补。二是加强金融赋能,开展政银合作,推出"兴村贷""旅创贷""民宿贷"等专项贷款,授信 50 亿元助力乡村旅游品质提升和高质量发展。三是加强人才支撑,坚持"内培外引",与中国美术学院合作,成立乡村振兴学院,培训乡土旅游人才 100 多名,县职业技术学校专设旅游班,成立一支 47 人的乡村规划师队伍,打造乡村旅游人才新高地;组建"1+艺"微改指导团,引进浙江省旅游发展中心研究院、深圳清舍建筑设计有限公司等专家团队,对古村落保护利用、景观节点等开展一对一结对辅助,进一步提升景区品质。

(三)产业融合实现富民增效

坚持"三产融合",立足生产、生活、生态"三生同步",围绕农业、文化、旅游"三位一体",推动"山水+田园"模式,打响"四季花海"品牌,油菜花观光带、杨梅观光带等获评"中国美丽田园",2021 年"仙居杨梅"品牌价值达 23.44亿元,促进梅农户均增收 3.2 万元,同比增长 19%,杨梅节期间,仙居旅游总收入 5.02 亿元。推动"山水+文化"模式,深入挖掘转化乡村本土文化,在传统村落保护中用好"微改造、精提升",使传统文化载体与现代宜居生活协调融合。如淡竹乡置换出集镇区内古民居 60 间、猪舍 30 间,修缮后打造乡村创客基地,吸引了 28 家创客企业签约入驻,有 53 种业态植入,下叶村已成功入选首批全国乡村旅游重点村名录。推动"山水＋度假"模式,将民宿作为乡村旅游升级发展的核心业态和重要抓手,实施精品乡村民宿提升工程。截至 2021 年,全县共有民宿(农家乐)经营户 456 户,其中等级民宿 11 家(白金宿 2 家,银宿 9 家),民宿(农家乐)直接从业人数为 2680 人。2020 年,民宿(农家乐)共接待游客 512 万人次,营业收入 3.48 亿元。白塔镇、淡竹乡两地民宿(农家乐)经营户年均收入达 25 万元以上。

二、依托数字赋能,全力打造高端绿色农业发展基地

(一)全面推广"亲农在线"应用

仙居"亲农在线"应用聚焦农业产业中涉农补贴发放、农技指导、农产品交易免税发票开具及农保、农贷等农民"心头事",以该县农业第一产业——杨梅种植为切入口,探索农业产业全链条普适惠农服务解决方案,通过数据共享、流程再造、制度重塑,运用创新技术手段全面采集农业产业信息,打造"产业一件事",构建"产业一张图",为农户提供涉农补贴、农技咨询、掌上开票等数字化服务。完成"亲农在线"注册推广的有 4.9 万农户,办理流程材料精简率达 80％以上;累计为农户开具线上发票 1.3 亿元,为 1.1 万户办理政策性保险。"亲农在线"已入选省数字政府最佳应用,入选台州市一体化数字资源体系(IRS)建设的最佳应用,已接入台州市城市大脑和数改总门户。目前,"亲农在线"应用持续扩面,围绕台州市柑橘、文旦、桃子等农业产业,迭代升级,实现"一地创新,全市受益",助力台州市农业产业高质高效发展。

(二)全面推进杨梅全产业链大数据项目

以仙居杨梅产业申报省财政厅 2020 年省级乡村振兴产业发展示范建设项目为契机,把杨梅全产业链大数据平台建设列为子项目。项目围绕"杨梅

产业驾驶舱""杨梅一张图""病虫害监测系统""古树保护系统"等几十个子功能,以大数据为杨梅产业赋能,促进产业的快速发展和品牌建设。其中"杨梅一张图"对全县 5173 块杨梅小班图进行按村分类、逐块编号,全面采集和整理数据,搭建以杨梅产业为主导的数据库,覆盖全县 10 万梅农。

(三)加快推进农业数字化

推动农民触网,全方位推动新型农业经营主体与互联网产业深度融合,加强杨梅、仙居稻米、三黄鸡等特色农产品网上营销。当前,农村电子商务发展迅速,全县已有 10 个村庄进入中国淘宝村名录,3 个镇被评为浙江省电商镇,连续 4 年获评"中国电子商务百佳县"。加快推进"肥药两制",改革数字化系统建设。已完成对 70 家试点主体的数字化系统建设,并对主体进行应用培训。2020 年,仙居县获评省首批数字生活新服务样板县;2021 年,获评国家级电子商务进农村综合示范县。

三、努力抢拼新赛道,全力打造医药医械产业智创高地

(一)打造人才集聚高地

大力实施"生态+旅游+科创"战略,把最美的风景留给最有智慧的人,建设 230 亩的"台州院士之家"总部,先后举办大型活动 40 多场,已邀请进家院士 63 位,达成合作项目 12 个。以"台州院士之家"为核心,联动仙居西部创新园、高铁新城科创总部、东部工业城创新创业基地三大片区,发挥科创飞地作用,构筑"1+3+N"协同创新格局,全县拥有省级以上企业研发机构 44 家。

(二)打造业态培育宝地

无中生有、高标准规划 3.47 平方千米的医疗器械小镇,连续 4 年举办全球医械创业创新大赛,建立 3 亿元蓝湾基金,设立全省首个创新医疗器械服务站,已入驻项目 44 个,其中 20 家企业已投产,有国家高新技术企业 3 家,博士

学历以上人才近 70 人,专利 200 多项,医疗器械注册证 82 张。与钟南山院士团队共建了"肺功能联合实验室",形成吸引高端要素集聚的"强磁场"。近年来,小镇内企业进入加速发展期,其中优亿医疗 2020 年实现销售收入 1.93 亿元、入库税收 2880.25 万元,分别同比增长 39.58%、51.92%。

(三)打造产业提升阵地

以打造"千亿级园区"为目标,高标准规划经济开发区,远期计划扩容至 47.95 平方千米。科学系统整治园区环境问题,关停、腾退收储企业 19 家。抓好效益提升,加快推进医化、橡塑、工艺礼品等传统产业改造升级,全力出清亩均税收 5 万元以下的低效企业,完成 13 家企业用地优化整合,收储土地 264.2 亩。通过村庄搬迁腾出 1830 余亩空间,总投资 80 亿元的首批 10 个高端制剂等项目开工,引进了伟德杰、伟杰信等一批高端生物制药企业。

四、精心统筹城乡发展,全力打造诗画仙居幸福宜居地

(一)纵深推进"一户多宅"专项整治

仙居地处浙南丘陵山区,"八山一水一分田",土地资源十分紧缺。针对农村"建新不拆旧"引发的土地资源浪费和基层治理难题,2019 年开始,台州市率先启动"一户多宅"及历史遗留非法住宅专项整治,通过政策完善在前、群众工作在前、试点探索在前、统筹谋划在前、干部带头在前这"五个在前"的工作方法,拆除一批、调剂一批、复垦一批,不仅有力保障村内困难群众、缺房户和无房户的用房需求,也为发展腾出空间,以土地管理的正本清源助推共同富裕。全县已确认应退宅调剂 5860 宗,已完成退宅 5491 宗,退宅率达 93.70%;已确认应拆除宗数 18200 宗,已完成拆除 16573 宗,拆除率达 91.06%;初步划定复垦区 2649.5 亩,已完成复垦立项 193 个,累计复垦建设用地 663 亩;全县共有 1836 户无房户、缺房户获得 3289 间宅基地安置,获评 2020 年三季度全省争先创优行动农业领域"最佳实践"。

(二)大力实施"高山移民"行动

积极引导山区群众向高铁新城和中心镇集聚,加强资源要素整合、缩小城乡发展差距,推动城镇能级提升。2021年,全县计划试点先行,完成下山搬迁3000人。如今,各山区村移民申报已基本完成,一期100亩安置区已启动建设。

(三)激发乡村振兴内生动力

推广"六个不闲着"工作机制,让每一名党员干部、每一位群众、每一间房屋、每一块土地、每一分余钱、每一门手艺都不闲着,进一步激发干部群众的干事热情和发展动能。

王凯元　朱　成　潘岱琳

提高产业层次　激发创新活力

——莲都区跨越式高质量发展路径研究

中共丽水市莲都区委党校

　　加快推进山区26县跨越式高质量发展,是浙江缩小区域差距、高质量发展、建设共同富裕示范区的重中之重。莲都区要实现跨越式高质量发展,勇当共同富裕丽水"领头雁"和山区县"排头兵",就必须坚持以产业为基、实业为本。本文就莲都区如何用足用好省市系列帮扶专项政策,在产业导入与创新发展上做好承接文章,开辟县域经济发展的莲都新路径进行了剖析与思考。

一、莲都区现有政策落地成效

　　莲都区抢抓革命老区振兴发展、山区26县跨越式高质量发展等政策叠加机遇,坚持"发展莲都、服务市区"的基本定位,"自我加压、跳起来摘桃子"的工作理念,以"担当作为、务实苦干"为工作主基调,重点打造碧湖新城,走出了一条"产业为基、工业为先"的发展路径。

(一)科创提振经济转型

　　莲都区聚焦山区26县特色生态产业平台提升,以平台"二次创业"为重点,出台深化"亩均论英雄"改革实施意见2.0版,实施制造业"腾笼换鸟、凤凰涅槃"攻坚行动,开展"五未"用地排查整治,启动工业企业整治提升"三年行动",推动生产力"由散到聚、以聚促变"。2021年1—9月,新增规上企业6

家、新备案外贸企业 35 家。持续深化山海协作工程,全省投资额最高和建筑面积最大的科创飞地——莲都大厦正式开工建设。成立宁波江北·丽水莲都高新产业协同发展中心,该合作共赢新模式得到《光明日报》头版报道;与江北区的政务服务"山海通办"合作案例被国家市场监督管理总局作为改革创新激发市场活力的典型案例在《市场监管信息交流》上刊登。

(二)"双招""双引"积蓄动能

结合省市政策,出台优化民营企业法治环境、建立民营企业维权服务平台等系列政策,全力打造一流营商环境。推进"最多查一次"、"最多评一次"、柔性执法等改革举措,开展"烦企扰民"规定清理专项行动,推出全省首个 24 小时政银企集成服务平台,成立全省首个制造业金融服务站,搭建全省首个税务"服务中台",推动全市首家食品"共享实验室"落地。2021 年 1—9 月,全区新设市场主体 8484 家,同比增长 11.9%,其中企业 1039 家,增量全市第一。新引进项目 42 个,其中大项目 10 个,新引进总部经济企业 8 家;引进高校毕业生 4000 余人,6 人入选市"绿谷精英"人才项目,"画乡莲都·院士之家"新签约进家院士 7 位。

(三)改革创新激发活力

大力推进财政投融资机制、国有企业市场化等改革举措,启动国有资产(资源)确权发证、划转移交集中攻坚行动,推进国有平台重塑。加快推进数字化改革,4 个场景应用被列入省数字化改革"揭榜挂帅"项目,数量和完成率全市第一。发布全国首个数字文化馆建设与服务规范,入选省数字生活新服务样板县。推动莲都科创中心落地,10 家企业入驻。丽水·莲都电子商务创业创新综合体入选省级创业孵化示范基地名单。2021 年 1—9 月,新增省科技型中小企业 24 家,完成国家高新技术企业申报 26 家,获得各类专利授权共1266 件,较去年同期增长 28.4%。

二、莲都区跨越式高质量发展中遇到的问题

在上级相关政策的支持下,莲都区目前虽已初步形成以装备制造、时尚轻工、生命健康为三大主导产业的工业发展格局,但在发展中仍遇到以下政策供给问题。

(一)"双招""双引"相关政策吸引力不够

莲都区的"双招""双引"工作中,有人才招引类政策 6 条,第一产业政策 3 条,第二产业政策 7 条,第三产业政策 14 条,综合性政策 13 条。这导致人才对地区发展的支撑不足,装备制造、数字经济、新材料、生命健康等高新技术产业尤其缺乏人才支撑。此外,相较经济发达地区,莲都区地处山区,交通不便,本身高新技术产业基础薄弱,加上第二产业配套政策不完善,地方政府普遍采用如减免税费、提供"零地价"土地、增加财政补助等方式开展招引,吸引力度不够,导致"专精特新"中小企业难以入驻。而深圳市"专精特新"中小企业招引及奖励条件,除奖励企业 20 万元以外,还在人才培训、技术创新、市场开拓、品牌建设、管理提升等方面提供优先服务。与此相比,莲都区在人才招引方面能提供的政策优待显得较为有限。

(二)产业用地空间规划指标相对受限

用地指标方面,以生态工业为例,莲都工业区块与丽水市经济开发区功能定位同质化,工业用地储备不足,新增指标总量偏少,工业园区扩容难度大,招商引资约束多,土地供给难以满足新老企业的用地需求。随着"一带三区"战略的实施,市区人口更加集中,人地矛盾将更加突出,同时基本农田保护任务较重,特别是作为莲都区高质量发展主战场的碧湖新城永久性农田占比过高,发展空间受限。又如飞地土地指标方面,省政府已明确 1500 亩规划指标将在新一轮国土空间规划中统筹安排下达,目前莲都区与义乌市结对,义乌规划的飞地地块属于弹性建设区,近几年不具备建设条件。企业落地方

面,莲都区生态工业仅允许一类和二类工业用地企业落户,三类工业用地企业进驻受限,招商引资随之受限,进而影响产业链完善、产业空间集聚和产业规模增长。随着自然资源和生态环境约束日益趋紧,莲都提升生态环境质量的边际成本也在上升,面临生态保护与经济发展的相互制约。

(三)能耗指标保障相对不足

从控制能源消费强度增速看,莲都发展位阶低于全省,总能耗存量低,丽水全市的工业产值和衢州差距不大,但总用能只有衢州的一半,受制于低能耗基础上的同幅度减控目标,当前给予的指标不足以支撑起跨越式高质量发展。2020年,莲都区单位GDP能耗0.34吨标准煤/万元,远低于其他工业强县,已实现相对的清洁生产。然而,仅仅依靠莲都存量的用能结构,很难再腾挪出用能空间,这将制约莲都的下一步发展。

(四)财政金融政策支持仍需加大

莲都实行的是市区财政体制,自主性较差,特别是近年来受经济下行压力和减税降费双重影响,财政收支矛盾异常突出,尤其是一般公共预算、政府投资缺口较大。从收入结构来看,莲都财政主要来源是建筑、房地产行业,非税收入增收渠道和手段有限。从近3年收入总量来看,剔除一次性因素收入后,总量基本上稳定在2亿元左右,而土地出让收入存在较大不确定性,从长远看,要依靠非税收入拉动一般公共预算收入增长非常困难。这在一定程度上也影响了莲都区项目建设。莲都当前正在谋划的低丘缓坡开发、工业园区扩容等项目急需专项资金支持;央行政策性资金定向支持重点企业发展的力度可以适当再加大。科技方面,规上企业技术研发、平台创建等方面均需要更大的扶持力度。

三、对莲都区实现跨越式高质量发展的建议

莲都为全省唯一的"一市一区"体制,对山区产业发展和动能提升等方面

的扶持政策,尤其是资源要素保障的需求更为迫切。要抓住"一县一策"新发展机遇,借力发展莲都区主导产业。

(一)在人才培育方面给予更大支持,更大力度培植发展动能

制定完善项目支持奖励政策,积极帮助招商引进企业争取财政扶持项目和各类贴息技改资金,而不是单纯采用税收返还等单一的扶持政策。例如,在此次"一县一策"中,莲都区的选题为加快现代装备制造产业提升发展。现代装备制造业是莲都制造业的核心组成部分,也是莲都区经济社会发展特别是工业发展的重要基础。与发达地区相比,莲都区现代装备制造业规模小、层次低,符合申报省级人才项目条件的人员较少,建议省里在开展省级人才项目遴选时,能向莲都现代装备制造业企业申报人员适当倾斜,放宽申报条件,以支持莲都现代装备制造业企业骨干人才队伍建设。同时,对莲都区现代装备制造业企业申报企业职业技能等级认定的,适当放宽准入条件,同时对开展企业职业技能等级认定的企业,给予每年每家企业 20 万元的专项经费支持。对莲都区现代装备制造业企业新建省级博士后科研工作站的,省财政给予 50 万元建站经费支持,博士后工作站每招收一名博士研究人员,在站期间省财政给予每人每年 20 万元日常经费补助,鼓励博士科研人员来莲都就业创业。

(二)在用地指标方面给予更大支持,更高层次培育生态产业

一是支持莲都生态工业产业用地空间拓展。目前,莲都区正在编制莲都生态工业用地成片开发方案,积极推进高溪低丘缓坡试点区块周边工业用地谋划。本轮国土空间规划将高溪区块至 222 省道之间、高溪北扩区块纳入远期集中建设区,面积约 3000 亩。建议省自然资源厅支持高溪区块继续沿用原"低丘缓坡"规划空间和用地政策,分年度保障 3000 亩新增建设用地指标,省林业厅给予林地占补指标及审批方面的支持。同时,针对近几年不具备建设条件的飞地指标,建议省级部门将下达的飞地土地指标优先用于解决莲都本地工业园区产业扩容问题。二是支持莲都发展生产性服务业。莲都作为丽水市唯一市辖区、浙西南中心城市,是丽水工业、农业发展的主平台、主战场,

工业、生鲜农产品的产量和流通量逐年增加,但至今没有一家专业的仓储物流企业(园区)。建议省发改委帮助莲都引进重点物流企业,在财政补助、用地保障方面给予政策支持。可以依托莲都—义乌山海协作平台,借助义乌物流市场优势,引进义乌重点物流企业落户莲都,构建莲都—义乌"两地双园"物流体系。此外,莲都区作为全省26个加快发展县之一,有大量基础设施和民生项目需要保障,建议在国土空间规划指标上给予更大倾斜。

(三)在能耗指标方面给予更大支持,更高质量促进产业发展

莲都区已着手编制"碳达峰"纲领和行动方案,在古堰画乡区域开展"双碳"行动。建议省级部门给莲都增加部分总能耗指标,为莲都在下一轮招商引资中引进大项目提供能耗指标保障。省发改委可考虑将莲都区古堰画乡区域设为省级"碳达峰"试点区,先行先试,优先支持开展"零碳"试点示范建设,并在莲都持续开展低碳社区、低碳工业园区试点。加大对莲都发展重大清洁能源项目的财政支持,按前期投资比例,以无息或者贴息贷款方式扶持绿色能源项目建设。

(四)在财政金融方面给予更大支持,更多举措保障驱动创新

一是支持莲都地方财政收入。建议根据《浙江省财政厅关于深化财政体制改革的实施意见》,对莲都地方财政收入基数增量分成部分免予上交,并在工业园区扩容、"三通一平"工程、科技项目等方面给予更多专项资金补助,进一步激活莲都区经济发展活力和动力。二是加大对绿色金融发展的支持力度。建议省地方金融管理局加强对央行政策性资金定向支持重点企业的扶持,每年安排不少于一定数量的再贷款再贴现低息资金。引导省内主要银行与山区26县签订绿色金融合作协议,引导合作银行围绕莲都传统产业的绿色改造和新动能培育,在绿色债券、绿色基金、绿色信贷等产品服务创新以及绿色保险合作上先行先试。

孙　佳　潘晓文　蒋回峰

以"双碳"为契机　加快清洁能源产业发展

——龙泉市跨越式高质量发展路径研究

中共龙泉市委党校

清洁低碳发展已成为新阶段能源发展的主旋律,是实现"双碳"目标的重要途径。2020年,习近平总书记向世界做出"2030年碳达峰""2060年碳中和"的中国承诺,浙江省更是提出,要在2027年提前实现碳达峰、在2050年实现碳中和。因此,加快开发利用龙泉山区丰富的水能、太阳能、风能等清洁能源资源,打造"低碳源",不仅有助于龙泉山区的高质量跨越式发展,也对推进浙江省提前实现"双碳"目标具有重要的作用和意义。

一、龙泉市清洁能源发展现状

(一)发展优势日趋显现

一是具有明确的政策导向和支持。浙江省委和省政府已出台了《浙江省山区26县跨越式高质量发展实施方案(2021—2025年)》,明确了山区发展的方向和思路,各条线上也制定了相应的专项政策。如浙江省发改委指出,要大力推进生产方式绿色低碳循环化改造,实施节能、节水、节地、节材行动,打造一批"碳中和"(零碳)试点县。省生态环境厅在专项政策里提到,要鼓励支持探索符合自身实际的碳达峰、碳中和路径,积极开发具有地域特色的生态系统碳汇方法学和项目,全面提升生态系统碳汇能力。优先支持开展"零碳"

试点示范建设,推动构建多层级多领域的"零碳"示范体系,探索"碳标签"认证,开展低碳社区、低碳工业园区试点。优先支持通过碳汇林建设等方式,推动大型活动实施碳中和,推进公共机构实践碳中和,争创碳中和示范区。优先支持探索建立碳汇有偿交易机制和气候投融资实践,建立碳汇交易平台。

二是资源禀赋得天独厚。龙泉地处浙闽赣交界,是国家级生态示范区、国家重点生态功能区、国家森林城市、国家园林城市,现有林地 398 万亩,森林覆盖率达 84.2%。年平均水资源总量约 35.98 亿立方米,水利资源理论蕴藏量为 38 万千瓦,理论可开发量 25.4 万千瓦。龙泉对流风多且大,平均风速 6 米/秒,风能资源丰富。年日照时数为 1621 小时,日光充足。区域内可掌握的优质光伏(含光伏电站、分布式光伏)和风电等资源约 48 万千瓦,抽水蓄能资源约 240 万千瓦,有着发展新能源的先天优势。

(二)"低碳试点县"成效明显

龙泉作为全省第一批低碳试点县(丽水唯一),发展势头良好,减碳成效明显。根据初步核算,2019 年龙泉净吸收 168.59 万吨二氧化碳当量,林业碳吸收能力居全省第一梯队;减去碳排放量,已经连续 10 年达到"负碳"水平。2021 年 8 月被浙江省碳达峰碳中和工作领导小组办公室列为全省第一批碳汇能力提升类试点县创建单位。在 2021 年中国农民丰收节嘉兴主场活动上,嘉兴市南湖区政府向龙泉市官浦垟村以单价 100 元每吨的价格购买了 375 吨碳汇资源。碳汇交易,让龙泉山区农民找到新时代的增收路径。官浦垟村村民李汉清还以林业碳汇为质押,获得首笔"碳汇＋地役权"贷款 20 万元,该模式成为生态产品价值实现机制试点的最新成果。

(三)清洁能源发展卓有成效

一是龙泉建成了国内首家生电同时运行的清洁能源绿色电厂和全省回报率最高的光伏小康项目(龙泉市岩头村 1.4 万千瓦农林光互补光伏电站回报率为 13.7%)。浙江浙能龙泉生物质发电有限公司年发电量约 2.1 亿千瓦时,分布式光伏发电项目年发电量约 140 万千瓦时,年均节省标煤耗量 9.5 万吨,年均减少二氧化碳排放量 24 万吨。此外,秸秆、竹木加工废弃物及菌棒形成的木质废弃料给生物质成型燃料的生产提供了充足的原料。

二是龙泉加快以数字化手段推进碳汇总量核算、碳汇项目交易,牵引生态产品价值高效率转化;加紧推动产业生态化,实现区域"减排"。浙江省电力实业总公司已与龙泉市人民政府签约新能源开发战略协议,"整县推进"加速新能源开发,2兆瓦的厂内分布式光伏发电项目和16万吨/年的供热项目正在加紧建设;局下村抽水蓄能项目已与国网新源公司签订合作意向书,推广"清洁能源+储能"一体化建设模式;同时,龙泉市已制定"十四五"高弹性电网规划和能源电力低碳发展方案,为大力发展清洁能源打下基础。

(四)绿色小水电创建稳步推进

龙泉是全省水资源最丰富的地区之一,目前已建水电站97座(其中12座为生态环境佳、生产过程安全、经济效益好的绿色小水电站),装机容量达22万千瓦,平均年发电量5.57亿千瓦时,年可减少二氧化碳排放量27.8万吨。

二、龙泉市发展清洁能源过程中存在的问题

近年来,国家出台了发电量全额收购、资金补贴、完善抽蓄价格机制等一系列政策,促进了新能源产业快速发展。但龙泉等山区县市在清洁能源发展过程中还是遇到了不少问题,主要有以下几个方面。

(一)"网"端支撑力不足

电力接入和送出一直是困扰龙泉市山区清洁能源项目落地的瓶颈问题,电网建设项目涉及立项、规划、审批、核准、评估等多个环节,由于相关环节特别是电网规划滞后,电网建设进度滞后于地方新能源项目建设进度,清洁能源输送受阻。例如龙泉市安仁镇黄桶村5万千瓦农光互补发电等合计总装机容量27万千瓦,总投资15亿元的光伏项目,已做好项目谋划、选址,但由于电力接入问题,一直无法落地。"十四五"期间,龙泉等山区县计划新增清洁能源装机250万千瓦,目前,500千伏的丽西变电站尚在建中,现有的220千伏

变电站、110千伏变电站等已不能满足电力送出需求,随着诸多新能源项目上马,大量盈余电量需集中外送消纳,给电网承载力(唯一电源点220千伏宏山变电站已满载)、安全稳定运行带来巨大考验。需要省电力公司在清洁电力通道建设方面给予大力支持。

(二)光伏项目用地审批难

一个地面光伏发电项目用地面积往往需要上千亩,用地需求较大,但在"九山半水半分田"的浙西南山区,光伏发电项目用地受到生态红线、基本农田红线、林地红线管控,一些垦造耕地存在"一块地两张皮"现象(自规局、林业局两个部门登记的地块性质不统一),土地报批程序严、时间长、难度大,一个项目往往就卡在了土地审批这个环节上,从而无法落地。

(三)陆上风电政策尚未放开

浙江省目前陆上风电政策尚未放开,致使浙西南山区丰富的风电资源无法开发。例如龙泉市的华能琉华山风电场、大焦山风电场9万千瓦风电项目、中节能天师山6万千瓦风电项目、新星能源龙安23万千瓦风电项目均已完成风资源评估,风场风能资源都具备开发价值,但是由于浙江省风电政策尚未开放,项目一直处于停滞状态。据测算,一旦省级政策放开,仅龙泉市风电项目建成投产后,每年就可提供绿色电量8亿千瓦时,每年可减少二氧化碳排放量40.8万吨。

(四)抽水蓄能电站推进缓慢

丽水全域在建的抽水蓄能电站只有缙云抽水蓄能电站。龙泉市竹垟乡局下站点,经历漫长的前期工作才确定选址。2020年,该站点被列为丽水市生态产业发展向上争取支持首推站点,多家实力雄厚、经验丰富的国企均表示对该项目有强烈的投资意向。虽然项目已进入省规划,但国家还未批准,尚无法预计开工时间。

三、加快推进龙泉市清洁能源发展的建议

(一)提升电网输送能力

一是打造高弹性电网建设县域样本。需要省电力公司在清洁电力通道建设方面给予大力支持,科学谋划高弹性电网推动碳中和路线图,提升电网可靠性和智能化水平。二是优化电力基础设施。应加快推动特高压工程建设,推进一批 220 千伏、110 千伏、35 千伏项目,力争与丽西变电站同时投产,增加更多的绿色新能源输出端口,大幅提升清洁能源送出能力。高标准规划龙泉"鞋城""平山岭二期"等新开发工业区块、龙泉高铁站等电网配套工程。三是数字赋能,构建新型电力系统。构建发电清洁、价格有竞争力、供电质量有保证的发电系统;加快开发需求侧智慧能源应用,通过错峰限电,建设峰谷调节的储能设备,合理调配用户用电时段,积极推进可再生能源和智慧储能等多模式数字化应用场景打造,提高产业可再生电力就地消纳水平。在多能高效转化、源网荷储智慧互动等方面先行一步,让新能源在新型电力系统中的主体地位逐渐明确。

(二)打造绿色能源基地

深入推进全国生态产品价值实现机制试点和全省低碳试点建设,创新清洁能源资源价值实现路径,加快打造华东绿色能源基地。在现有小水电的基础上加入风力发电、光伏发电和生物质发电,配置抽水蓄能电站,充分发挥其调峰、调频作用,最小化风光水储综合发电成本,并依托智能化技术的智慧电网进行智能调度管理,构建起发电清洁、价格有竞争力、供电质量有保证的发电系统,打造全省首个风光水储生物质"五位一体"的多能互补、大数据互联网+清洁能源示范项目。

(三)大力发展光伏发电

以分布式光伏"整县推进"试点县建设为契机,以高质量推广生态友好型

"光伏＋"为重点,加快推进农光互补、渔光互补、水光互补、屋顶光伏等光伏发电规模化项目建设,实现光电规模化开发利用。结合浙西南革命老区、山区 26 县高质量发展、共同富裕示范区等支持政策,研究制定支持浙西南山区光伏发电项目的用地面积核定办法和审批程序,切实破解光伏发电项目用地审批难、落地难的问题。

(四)积极争取风电开发

建议省内可以首先放开浙西南山区的风电开发,在浙西南山区县开展绿色陆上风电试点,待试点取得明显成效、条件成熟后,再放开全省陆上风电开发政策。

(五)继续深化水电利用

立足浙西南山区丰富的水电资源,积极发挥水电的碳达峰碳中和作用;强化小微水电站治理和整改工作,全面开展生态水电示范区建设和绿色水电认证,高标准推进绿色小水电站创建;积极争取抽蓄项目入规并尽快争取国家批准,创造有利条件,争取相关政策,加大和央企国企对接合作,推动抽蓄项目尽快落地开工。

项庆标　范思红

建设新时代的"文化侨乡"

——青田县跨越式高质量发展路径研究

中共青田县委党校

　　长期以来,人们多着眼于"经济侨乡"视角,强调海外经济因素(主要是侨资、侨汇、华侨捐赠)在侨乡形成和发展中的决定性作用。但实际上,侨乡首先是一种文化景观,这些文化资源也是"侨"资源,完全可以为侨乡的可持续发展提供支撑。对浙江山区 26 县之一的侨乡青田来说,更应深入挖掘其所承载的沟通中外、凝聚乡情的历史和现实价值,从侨乡发展的内生性因素、文化形态入手,稳固与海外华侨已建立的(跨越地理的)关系邻近性,优化侨乡经济社会发展模式,从"经济侨乡"转向"文化侨乡",并结合"文化浙江"建设战略布局的现实需要,为自身可持续、跨越式发展探寻科学合理的路径,助力共同富裕示范区建设。

一、"文化侨乡":侨乡可持续跨越式发展的新视角

　　侨乡诚然创造了难以复制的"经济神话",其社会经济发展中也存在差异性和不均衡问题。当前,一批"新侨乡"相继崛起(多是都市侨乡);传统侨乡中一些地区继续发展(像所谓"中兴型侨乡",如浙江温州、丽水青田一带),一些地区则无奈落寞(像所谓"衰退型侨乡",如广东澄海、潮汕地区)。鉴于海外华侨的增加及其对侨乡影响力的增强,都不足以导致侨乡的"新生"或"中兴",侨乡这种特殊的社会发展模式遭到了一定的质疑与否定,侨乡的衰退确

实已显现端倪,更确切的表述应是侨乡"特色"或"特殊"意义的衰退。这意味着侨乡发展战略取向,应适时地从"经济优先"转到"文化主导"上来。

(一)"文化侨乡"是国家—地方战略布局的现实需要

青田的"文化侨乡"建设是在一些侨乡经济因素式微的形势下,结合新时代"文化浙江"建设,转变发展思路,助力高质量发展建设共同富裕示范区的探索尝试。青田地处浙西南山区,是省政府命名的"革命老根据地县",有老区乡镇 24 个、老区村 185 个,红色文化遗存 65 处,其丰富的红色文化资源中还蕴含着独特的华侨革命元素,这些华侨革命元素既为浙西南革命增添了更加亮丽的底色,又丰富了浙西南革命精神的内涵。立足石雕、名人、农遗等特色,不论是推动文化发展,还是发展文化产业都大有可为,也理应有为,这是青田区别于其他侨乡、加快发展的最大优势。

(二)"文化侨乡"是加快发展山区侨乡的有益尝试

青田是典型的"中兴型山区侨乡",现有 33 万华侨华人遍及全球 128 个国家和地区,其中 80% 以上是改革开放后走出国门的新移民。近年来,青田在转变侨乡发展思路、推动"文化侨乡"建设上做了一些有益的尝试,如设立浙江(青田)华侨经济文化合作试验区,全力谋划华侨文化创新发展平台建设,竭力推进涉侨文化机制体制改革。采取"走出去""引进来"的方式,主动加强同海外青田人的文化联系与交流,努力保持侨乡文化特色,为探索侨乡可持续跨越式发展路径,加快构建区域发展新格局,推进共同富裕,提供了生动的青田样本与浙江实践。

二、"爱国爱乡":青田推进"文化侨乡"建设的进展

关系邻近性的作用,为海外华侨参与侨乡发展提供了极大便利(见图 1),"文化侨乡"建设以海外华侨大规模爱国爱乡运动为内核,有助于将天然的根亲联系转变为情感的认同,甚至上升为理智的认可,应充分利用和有效引导海外华侨参与侨乡跨越式发展建设,推动共同富裕取得实质性进展。

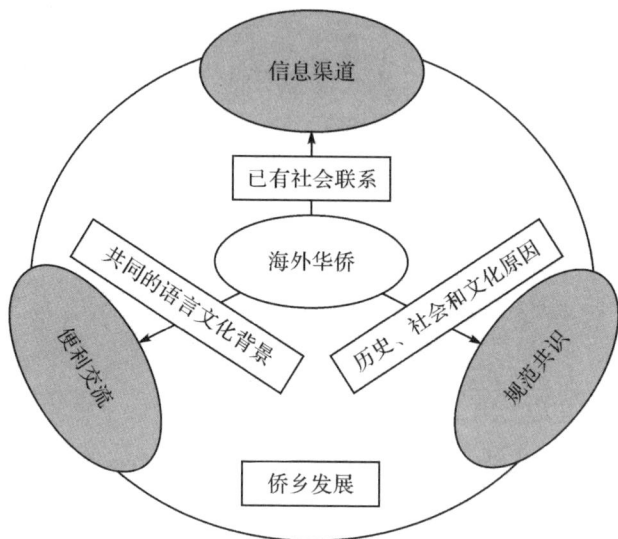

图 1 关系邻近性作用下海外华侨对侨乡发展的影响

（一）强化"侨心向党"的精神内核

"侨心向党"精神指引着海外华侨生存发展、参与侨乡建设，是浙西南革命精神的重要组成部分。青田华侨自 20 世纪初起，就率先觉醒，努力参与到中华民族的革命大潮中来。五四运动时期，大批旅法青田华侨主动报名参加阿伯公学勤工俭学；1923 年底至 1924 年夏，两个海外中共青田小组在法国建立；创办报刊，大力宣传革命思想，如著名的《救国时报》，便由旅法青田华侨党员林德光、金映光、金直夫、何志宏、黄里等人负责印刷发行。此外，青田华侨还倾家纾难，支援民族救亡图存运动。因募款金额较大，旅欧青田华侨王薛芳获得中国政府颁发的金质奖章一枚；旅菲青田华侨郑铭岩被省政府颁发"义溢瀛寰"匾以资嘉奖。全面抗战爆发后，大批华侨党员如郑秋、杨勉等归国，投身革命斗争，为夺取抗日战争的全面胜利、解放全中国、巩固新生的人民政权做了大量工作。青田抓紧浙西南革命精神脉络，以红色精神和爱国爱乡精神为纽带，创建海内外文化交流平台，凝聚合力，以促进地区发展。

(二)"一核多点"与"文化侨乡"平台建设

在"文化侨乡"平台建设中,青田着力构建"一核引领,多点联动"的发展格局,既是空间布局也是目标方向。一是打造特色欧陆风情体验区。深入挖掘本土文化核心内涵和山水资源禀赋,加快推进系列标志性平台建设,进一步打响侨乡特色旅游品牌,打造世界华人华侨集聚地、华侨文化展示地和欧洲精品生活体验地。二是加快建设海外系列青田华侨站。积极引导华侨以市场化的方式参与、构建具有招商联络、涉侨服务、文化展示等多种功能的系列海外华侨站,兼顾经贸往来和中国文化传播。三是聚力建设华侨文化之窗。建设华侨历史博物馆、欧洲华裔族群寻根谒祖综合服务平台、主题丰富的"侨胞之家",定期举办具有国际影响力的会展活动,如"侨博会""石雕文化艺术节"等。四是增强华侨教育服务能力。常态化举办"中国寻根之旅"海外华裔青少年夏令营及冬令营,组织海外示范性侨团侨领高级研修班,支持华侨开设面向外籍人士和华裔的中文网络学院,努力提升青田华侨国际学校影响力。

(三)"双点双向"与"文化侨乡"改革推进

在"文化侨乡"改革推进中,青田努力加强县内与海外、侨商侨团与政府之间的协同,有效凝聚海外华侨力量。一是推进华侨回乡安居体制改革。积极探索侨胞有偿使用宅基地等制度创新,推进华侨安居工作;积极探索华侨养老服务领域改革,建立华侨境内外养老保险互认机制,建设优质高端的华侨养老服务中心。二是创新华侨版山海协作体制机制。加大对乡村振兴、农村基础设施、公益事业等项目的支持力度,与结对地区共同谋划各乡村振兴点援建项目,以优势互补、产业互动和制度创新为核心打造山海协作工程华侨版。三是促进华侨参与社会事业改革。鼓励华侨投资"康养 600"项目、公共卫生基础设施建设、城市更新项目等。四是开展华侨公共外交与参政议政机制改革。完善民间公共外交制度,打造青田籍海外侨团联动机制和信息共享平台;鼓励华侨积极参政议政,形成一套内外互动、上下联动的"咨询机制";鼓励华侨参与基层治理创新,建立健全"华侨参事会"、华侨村干部选聘、百个侨团结百村等长效机制。

此外,青田有效整合华侨特色文化和农村闲置资源,以"有基础、有特色、有阵地、有产业、有组织、有平台"为具体要求,致力于打造一批"有特色、出经验、可复制"的华侨文化示范村,探索"文化侨乡"、共同富裕现代化基本单元建设有效路径。

三、品牌塑造:进一步推动侨乡振兴的有力抓手

在"文化侨乡"建设中(见图2),其品牌塑造既可作为一项具体工程,也可作为一条战略主线,通过主题演绎与配套项目的丰富,稳固并激发关系邻近性的潜力、推动多样化邻近性的建立,进而在加强海外联系、突破路径依赖和代际局限的基础上,实现侨乡振兴与可持续跨越式发展。

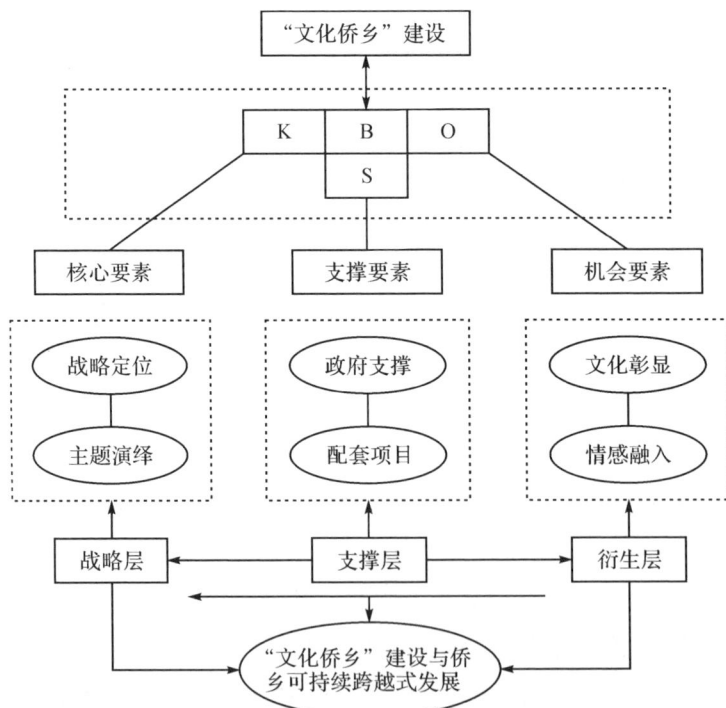

K—核心要素 S—支撑要素 O—机会要素 B—"文化桥乡建设"

图2 "文化侨乡"建设与侨乡可持续跨越式发展

(一)战略层:核心要素与次文化的优势

侨乡与海外联系的减弱,阻碍了关系邻近性作用的发挥,但致使其失去原海内外信息不对称情况下的独特优势的原因,主要还是投资环境缺乏竞争力,这对于山区侨乡尤为明显。投资地选择的多元化,不是因为关系邻近性被取代,而是这种作用从地方转移到了国家的层次,作为中华文化下的次级文化,如果侨乡不能在提供共同语言文化方面占据优势,势必会走向"衰退"。"文化侨乡"品牌塑造,是通过侨乡传统文化的"复兴"与"再造"来形成侨乡的"文化资本"。为避免就"侨"论"侨",建议着力打造"侨心向党"党建品牌,更好地凝聚侨心侨智侨力,引领"文化侨乡"建设,努力走出一条具有鲜明侨乡特色、彰显文化铸魂功能的共同富裕宽广大道,也让青田华侨革命元素作为浙西南革命精神的独特印记,在更广阔的地理范围内塑造"地方传说"。

(二)支撑层:支撑要素与路径依赖的突破

在"文化侨乡"建设中,政府支持及其配套项目属于支撑层,尤其是侨乡地方政府在政策、资金、物质等方面的支持,有助于培育侨乡自我发展能力、引导侨乡发展特色产业、因势利导促进华侨回流,从而突破路径依赖的桎梏,实现侨乡振兴与可持续跨越式发展。如华侨经济文化合作试验区平台的建设,与海外建立了新的产业联系及相应关系邻近性;国内青商网络的形成(如义乌青田商会)、"双招双引"工程的实施以及世界青田人大会等活动的组织,使得关系邻近性有了新的发挥作用的空间;展销会(如"侨博会")与网上交易的发展,创造了不受时空限制的"临时集群",其他邻近性得以建立。建议探索创新以文化促经济的侨乡模式,以资源赋能为基石,以项目带动谋发展,特别是应加大对华侨文化遗产的整修与保护和对华侨文化旅游的规划与开发,如开发郑秋故居、杨勉故居、东堡山侨石文化旅游小镇等旅游项目;加强对华侨回乡创业发展、寻根省亲、浙西南革命精神越洋践行、"越洋学党史"等项目的策划。

(三)衍生层:机会要素与代际局限的超越

在侨务资源面临老化或断层的趋势下,侨乡与海外华侨的互动多带有经济性目的,少有纯粹的情感和文化交流。但无论是同圆共享中国梦、助力共同富裕示范区建设,还是加快构建华侨要素集聚的开放发展新格局,都体现出把华侨新生代作为重要参与者、推动者的意图。与老一辈华侨相比,华侨新生代大多生长于海外,拥有更广阔的国际视野和更高的人文素养,在海内外互动中具有显著的智力优势,是侨务资源可持续发展的重点之所在、希望之所在,但他们对故乡的感情正逐渐淡漠,必须加强"固本培根"工作,再度活跃一度萎缩甚至中断的海外联系,才能超越"代际局限",实现接续发展。建议精心打造仁庄镇、方山乡等"侨心向党"特色教育基地,以华侨新生代为主要接待对象,通过"侨心之旅",促进"侨心向党"精神长留;与此同时,坚持举办"寻根之旅"海外华裔青少年夏令营,或"网上夏令营"活动,有效增进华侨新生代的爱国爱乡情怀。

李伟伟　盛思文

通向共同富裕的"最美梯田"

——云和县跨越式高质量发展路径研究

中共云和县委党校

云和是浙江省 26 个加快发展县之一,拥有华东地区最大的梯田集群,云和梯田被誉为"中国最美梯田"。近年来,云和认真践行"绿水青山就是金山银山"发展理念,把云和梯田作为"核心引擎",深入挖掘县域独特的生态资源,产生了"一地带动全域"的联动效应,走出了加快发展县迈向共同富裕的新路子。

一、云和梯田带动县域共同富裕的主要做法

(一)以景区全域化促共富

云和梯田通过国家 5A 级旅游景区景观质量价值评审,列入"诗画浙江"耀眼明珠培育对象,2020 年度景区游客达到 105 万人次、营业收入超过 3000 万元。经核算,云和梯田 GEP 达到 7.2 亿元。云和梯田作为地区发展的核心引擎,带动了周边村庄大力发展农家乐、民宿、农产品购物等泛旅游产业,景区周边乡村旅游产品销售年均收入超过 3000 万元,人均可支配收入年均增长 15% 以上。

(二)以产业特色化促共富

依托梯田重点发展四大特色产业:一是"云海"产业,建立云海观测、监

测、预测体系,在高山最佳观测点打造"日出云海"摄影基地;二是"花海"产业,形成510亩杜鹃科普博览园和研学基地;三是"星空"产业,打造以观星空为特色的梅竹露营基地;四是文化产业,定期举办畲族文化节、谷雨茶事、纳凉节等,打造"梯田十味"等文化 IP,推出首支生态价值实现公益广告。基于生态优势,积极发展水能、风能、光能等清洁能源产业。

(三)以城乡一体化促共富

持续实施"小县大城"战略,实施"大搬快聚富民安居"工程,推进山里人进城致富、城里人上山花钱,为下山新市民解决就业、创业等生计问题,同时盘活农村土地、农房等潜在资源,全面增加百姓收入。以"一村一品"为媒介,打造一批历史文化古村、特色精品乡村和花园村庄,创成新时代美丽城镇省级样板;以"一果两茶一菌一蜂一鱼"为主导,积极构建乡村产业发展体系。

(四)以管理科学化促共富

与杭商旅签订梯田景区合作开发协议,总投资 13.5 亿元,借外界高端的市场资源和科学的运作方法,助力国家 5A 级旅游景区创建。建立生态信用管理应用体系,制定农户评价管理标准,推进全民参与生态保护。成立梯田生态强村发展有限公司,建立"政府＋市场＋社会"机制,不断提高 GEP 向GDP 的转化效率。创新人才培养模式,推进政校企合作,建成首批"学士后工作站"3 家,完成"博士后工作站"对接工作,组织城乡劳动者参加职业技能培训。形成以"梯田三宝"为代表的农特产品品牌和"白鹤尖"电商品牌,通过直播带货等方式带动农户增收。

(五)以环境优质化促共富

优化"交通＋旅游"融合发展模式,畅通交通循环,助推经济发展。推出村级标准化金融服务站,在全市首发"农家乐民宿成长贷"、首推"信易游"应用场景,为经济发展提供优质金融服务。当前,云和梯田已经推向全球 160 多个国家和地区,近三年年均接待海外游客达 6 万多人次,成为"全球梯田联盟经济研讨会"永久举办地,荣获"中国文旅融合创新奖"。

在生态文明和乡村振兴的背景下,梯田所具有的景观、生态、经济、社会、文化和人类情感体验等多重功能价值得到深入开发,体现了梯田的核心价值所在,体现了未来发展的充足潜力。云和通过充分发掘利用资源,使梯田实现增值溢价;通过业态和模式创新,促进全民共享多重功能价值体验;推动生态产品实现价值转化,带动共同富裕。

二、云和梯田发展过程中面临的困境

一是投入不足制约产业发展壮大。目前,政府投入主要倾向于木制玩具、阀门、轴承这三个产业,重工业轻服务业,对旅游业投入不够,对旅游基础设施和宣传推广的投入力度有限,导致各项基础设施建设不能有效满足梯田景区发展需要。

二是从业人员素质不高,影响服务质量提升。旅游开发和管理人才缺乏,高学历、高水平的年轻经营者比较少。对从业人员和管理者的培训不够,从业者经营理念、服务质量不够理想,与梯田景区高端化、个性化的发展需要有差距。

三是项目开发同质化较多,个性化不足。消费者的个性化、多元化、高端化体验需求越来越高,但目前梯田景区形式单一,文化内涵不够,能让游客有情境体验和互动参与的项目较少,农家乐和民宿提供的服务项目、产品缺乏层次。

四是品牌宣传不够导致地区影响力不大。梯田景区开发过程中品牌意识不强,缺少闻名遐迩的旅游品牌,多层次立体化的宣传营销不够,微信、微博、手机 App 等重要新兴媒介手段运用不够。

三、云和实践对推进全省加快发展县共同富裕的几点启示

云和的实践经验,对加快发展县推进共同富裕事业具有不少启示。实现

共同富裕,一方面是要"做大蛋糕",另一方面也需要在覆盖面上实现"分好蛋糕"。共同富裕视阈下,在保障生态大优势、产业大支撑、转化大通道、效能大机制、服务大环境等五大体系的基础上,整个县域经济、社会、文化等领域的发展将被一并带动,进而促进社会的医疗、卫生、教育、就业、养老等各个领域的发展和完善。

(一)以"核心引擎"带动县域一体化高质量发展

梯田是云和的"核心吸引物",是县域旅游发展的"原动力"。加快发展县在推进共同富裕的过程中,要强化县域"一盘棋"意识,找准县域最核心、最具有辐射力的"核心引擎",通过"核心引擎"带动整个县域经济"活起来"。在这个过程中,要善于通过市场化手段,吸引发达地区的专业机构、运营公司与加快发展县合作,用好外界的资源优势、管理优势,助力加快发展县高质量跨越式发展。

生态资源是加快发展县的最大优势,是实现共同富裕的底气所在。云和"一城一湖一梯田"的独特资源,成为实现共同富裕道路上的重要依托。全省加快发展县在发展过程中要强化系统观念、系统思维,数清加快发展县的绿色资源家底,主动谋划、科学布局,切实做到心中有数,逐步实现合理有序开发,努力打造地区核心竞争力。建议省里在美丽浙江大花园建设中对加快发展县予以特别关注,加快对省域范围内资源布局的统筹协调谋划,把加快发展县视为一个大生态系统进行规划,推进省级规划与区域规划、城乡规划无缝衔接,为加快发展县实现共同富裕提供重要资源保障。

(二)大力培育差异化、个性化、高端化产业体系

针对产业同质化竞争激烈、个性化项目开发较少等问题,建议对加快发展县的产业发展予以专题研究,专门出台指导意见,鼓励加快发展县差异化竞争、错位发展。多派专业力量下沉指导,出台优惠政策,助推加快发展县多开发一些能给游客带来体验感的特色项目。推动生态工业向高端产业转型,在市场竞争中占据更优位置,进一步扩大税源。积极发展水能、风能、光能等清洁能源,构建适合加快发展县实际的新能源产业体系。建议省里牵头对加

快发展县的产业发展予以专题研究,科学统筹。实施"一县一策",鼓励加快发展县用好自身优势,发展特色产业、特色项目,实现协同发展、共赢发展。建议省里为相关专家下沉基层创造条件,多派力量到加快发展县指导,推动加快发展县的项目产业向高端化、智能化、绿色化、人性化方向转型。

(三)想方设法提升产业内涵、加快价值转化

提升产业内涵、加快价值转化是加快发展县经济发展的"重要增长点"。建议将加快发展县的重大特色项目列入"诗画浙江"耀眼明珠、山水诗之路黄金旅游带等培育范围,支持加快发展县培育地域特色品牌,走文旅融合、品牌化发展之路。鼓励加快发展县探索生态产品价值实现机制,探索建立湿地银行、开展森林碳汇,通过公共生态产品交易、生态产品综合开发、生态产品资本化等方式,全面打通GEP向GDP的转化通道。按照"文化+""文旅融合"要求,充分挖掘加快发展县的特色文化,将文化融入景观资源,不断提升文化产品、人文景观的文化价值、经济价值。支持加快发展县培育地域特色品牌,提高生态产品附加值,形成品牌效应,提升地区影响力。健全生态产品价值实现机制,通过运用生态补偿,寻找生态环境优势与新兴产业的重要连接点。

(四)搭平台、建机制,借势借力打开发展格局

建立省市县协作机制,为发改、交通、农业等省市部门与加快发展县沟通对接搭建平台。建立厅县协作机制,为交通厅等省直部门与加快发展县及时沟通搭建平台,提升加快发展县的交通基础设施建设水平。建立加快发展县与毗邻省市县协同发展机制,在交通互联互通、市场统一、服务标准对接等方面加强协作。以政府投资带动社会投资,支持景区提档升级,为央企、省属国企、外资到加快发展县布局创造条件。将数字化、智能化融入加快发展县产业发展各环节,打造数字农业、物流仓储、网络订单等新业态,为推进共同富裕赋能助力。建议省里鼓励发达地区的专业机构、运营公司与加快发展县开展合作,使其运用自身的市场优势、资源优势和管理优势,帮助加快发展县高效开发利用生态资源。鼓励加快发展县建设生态信用管理体系,运用数字化、智能化全面提升管理效益。鼓励加快发展县根据自身的资源、市场优势,

建设对应的宣传推广平台,以推广拉动需求,借助"携程""去哪儿"等平台全力推广旅游品牌及特色产品。

(五)在金融、人才、宣传等方面加大服务支持力度

加强银政企深度合作,通过担保率补助、贴息、以奖代补等方式,推动更多金融资源向加快发展县倾斜。创新引才政策,鼓励高等院校和科研机构专家带着研发团队到加快发展县创办企业、从事科技成果转化活动,鼓励高校毕业生、专业人才、高技能人才到加快发展县创业就业。鼓励加快发展县建设全方位、立体化的宣传推广平台,加强与外界高端宣传平台的对接,用好"线上+线下"方式,全面提升文化传播力、影响力、吸引力。

王丽琴　李　旭

加快培育生物科技产业　探寻共同富裕新支点

——庆元县跨越式高质量发展路径研究

中共庆元县委党校

当前,浙江正高质量建设共同富裕示范区,完成中央赋予的重大历史使命,于庆元而言,这是千载难逢的重大发展机遇。庆元县委县政府积极谋划、下大决心,紧紧抓住省级部门扶持政策,立足现有产业基础,以超常规举措,推动跨越式发展,以生态裂变推动产业裂变。庆元将生物科技产业列为战略性主导产业,作为撬动全局的支点,相继出台了《关于加快生物科技产业发展的实施意见》《庆元县生物科技产业发展规划(2021—2025年)》等文件,擘画了生物科技产业发展方向。本文从分析庆元县生物科技产业发展现状出发,以战略性主导产业发展的视角,找准存在的问题和短板,并提出切实可行的建议。

一、庆元县生物科技产业培育现状

(一)培育战略性产业的基础已初步具备

一是生态环境优渥。庆元生态优美,拥有"中国生态环境第一县"的美誉,是百山祖国家公园的核心区所在地。良好的生态环境孕育了食用菌、竹、木等支柱产业,为生物科技产业发展提供了得天独厚的优渥条件。二是生物资源独特。在食药用菌育种领域,庆元是全国食药用菌种植基地,建成了种质资源库,实现种质资源的保藏和开发利用。黄精、白及、重楼等中药材全县种植面积达 2.85 万亩,甜橘柚种植面积累计达 1.71 万亩。这些品牌将助力庆元以生物培育为基础的高精尖产业发展,形成自我循环的生态产业。三是生物技术升级成效显著。应用现代生物技术改造传统生物生产技术行动已逐渐推开,在中药材育种领域,多家先进育种企业共同建立了多种中药材基地,进行品种筛选和良种繁育。这些现有产业在未来能和先进技术实现深度融合,为将生物科技产业发展作为战略性主导产业提供了良好的基础。

(二)推动产业转型的政策气候已经形成

一是抢抓机遇,出台产业规划政策。庆元县政府高度重视生物科技产业的发展,将生物科技产业升级为战略性主导产业,纳入县"十四五"规划中。紧紧抓住《浙江省山区 26 县生物科技产业发展行动计划(2021—2025 年)》与省级部门出台的"一县一策"等扶持政策,出台了诸多相关扶持政策,优先支持重点领域生物科技企业,旨在打造浙南闽北最大的融合型生物科技产业发展集群。二是借梯登高,加强与科研院所的战略合作。县委县政府积极走"山海协作"道路,与西湖大学签订《支持庆元县高质量绿色发展合作备忘录》;与浙江中医药大学签订《支持庆元"中药振兴、共同富裕"示范县建设合作框架协议》;与浙江省健康产业联合会签订战略合作协议,在嘉善建设"飞地"科创园,打造全方位、多元化的产学研战略合作关系。三是营造氛围,形成合力。成立了由县主要领导担任组长,副县长担任生物科技产业链链长的领导小组,负责组织协调、政策处理等工作,确保工作高效有序开展,小组下设有政策研究和"双招双引"两个专班,明确分工、各司其职、密切合作,切实做好工作。

(三)支撑产业战略性升级的平台初见规模

一是企业培育成效显著。"十三五"期间,在庆元县域经济规模持续增长的大背景下,到 2020 年,全县共培育生态工业企业 717 家,其中规上企业 58 家、超亿元企业 13 家,产业链条初步形成。食药用菌产业上榜全省示范性农业全产业链,香菇小镇成为全国最大的香菇交易市场;企业中,方格药业研发的灰树花胶囊销售额近 3000 万元,百兴菇业年产值达 1.8 亿元。二是产业平台搭建迅速。食用菌产业园已动工建设,其中一期工程已于 2021 年结顶,可提供 400 多亩工业用地、16 万平方米 20 幢现代化标准厂房及科研中心、1.9 万平方米的企业服务中心及人才公寓和 3.5 万平方米的配套商业用房。

二、庆元县推动生物科技向战略性产业发展过程中存在的问题

(一)生物科技产业相关专业人才储备不足

庆元县是山区欠发达县,交通不便,对高层次人才的吸引力不足,本土籍在外人才回乡创业就业意愿不强,难以聚集创业型和技术型人才。由于交通区位、人才政策、待遇等方面的原因,人才招引也非常困难,在本市几个县市中人才招引成效排名靠后。就目前的情况来看,原材料种植、管理、防护、采摘加工等方面从业者文化程度不高,且缺乏专业知识,技术能力较弱;在本土生物类企业中,从事生物活性物质提取、生物医药和生物材料方面工作的高级专业人才非常稀缺;对整合相关资源、提高整体生物科技发展水平起到至关重要的作用的专业管理人才和规划人才也较为缺乏,这些人才的缺乏很大程度上制约了庆元县将生物科技产业培育为战略性主导产业的步伐。

(二)缺乏推动战略性发展的大型生物科技主导企业

经过多年发展,庆元县生物科技产业初见规模,相关企业主要集中在食品深加工和医药领域,目前拥有浙江方格药业、百兴菇业、庆元芨白生物科技公司等生物科技企业 20 多家。虽然多数企业经营小有成绩,但是大都是自主发展,科技水平不高,规模较小,比如作为龙头的方格药业年营业收入不足 7000 万元。换言之,能带动上下游发展的本土大型主导企业、链主型企业缺乏,这直接导致庆元生物科技行业发展处于较低水平。同时,受交通区位、山区地形的限制,加之在政策优惠、配套设施、人才供给等方面存在不足,外地

大型科技主导企业很难在庆元落地。此外,兄弟县市也在加快生物科技产业布局,与庆元县形成一定的竞争关系,加大了招商引资的难度。

(三)培育生物科技产业的平台不高

庆元地貌呈现"九山半水半分田"特点,地块狭窄,高低不平,甚少连片,再加上土地山林开发指标的重重限制,很难有连片的可用于工业开发的土地。目前正在开工建设的生物科技产业园区,一期工程占地600余亩,为生物科技产业发展搭建了平台,但是招商引资存在诸多困难,大型企业、龙头企业、行业领军企业、链主型企业、研发能力强的"专而精"的企业很难落户。目前正在积极落户园区的大都是本土企业或本土企业新建项目,依旧摆脱不了科技含量低、产业档次低、发展粗放的困局。园区离县城较远,周围生活配套设施不完善,不能有效满足科研人员生活需求,这又加大了招引人才的困难。

三、加快培育生物科技产业为战略性主导产业的几点建议

(一)大力招引生物科技人才,加快形成战略性产业人才梯队

一是大力推进招才引智工作。深入推动"双招双引"工作,根据生物科技产业"突破核心科技"研发需求,聚焦生物医药和生物材料领域,不拘一格,下大力气引进"高精尖"专业人才,储备破解生物科技难题的人才库。二是持续创新人才引进制度。不断深化"星期天工程师"柔性引才制度,探索引进人才方式方法,尝试多地人才共享机制,推动人才兼职、挂职等机制,灵活运用人才制度,深入推动"银发人才"工程,助推庆元生物科技产业发展。三是大力推动人才飞地建设。加强与浙江中医药大学合作,加快实现"中药振兴、共同富裕"的目标。加大同浙江大学、吉林大学等科研院所的合作力度,鼓励其在庆元成立工作站、服务站。于上海、北京、杭州等发达地区成立人才飞地基站,吸引专业人才入驻,促进生物科技研发,搭建"研发在外地、生产在庆元"

的模式。四是持续培养本土专业人才。大力推动本土人才培养工程,深入建设"2211"本土人才体系。围绕生物科技产业发展需求,努力培养地方产业发展需要的特色人才。鼓励本地大学生毕业后返乡就业创业,鼓励乡贤回归。鼓励人才在庆元创业创新,释放自身力量,激活社会资源潜力。大力支持丽水职业技术学院庆元食用菌学院招生工作,形成本土人才本土培养的模式,厚植本土人才留乡的情感和意愿。五是营造重才爱才惜才氛围。庆元招才引智实属不易,对引进之才要充分爱惜尊重,进一步完善人才政策,提升服务水平,提高人才待遇,创造爱才重才的氛围。六是完善人才考评机制。深入推进"菇乡学者"称号体系建设,给予优秀人才荣誉称号,加大精神鼓励。

(二)强化主导型企业招引力度,推动全产业链蝶变发展

一是重点招引链主型企业。招引在产业链上居于头部地位的链主型企业,架起上游食用菌、竹、木等传统产业与高端生物科技产业之间的桥梁,补齐和强化种植、生产、孵化、加工、销售等全产业链,带动全产业发展壮大,造就庆元县生物科技产业的腾飞之路。二是着力重大项目招商。战略性主导产业需要大型主导型企业来支撑带动,因此要着力招商大型重点企业,以五百强企业、龙头企业、行业领军企业为主要目标。要深化与旺旺集团的合作,做好旺旺集团的服务保障工作,争取更多项目落户庆元。根据突破生物科技领域"卡脖子"技术的要求,着力引进真正拥有核心技术和雄厚研发能力的生物科技企业,增强生物科技创新能力,突破关键技术,筑起科技高地。三是鼓励乡贤企业回流。当前大批庆元籍企业家于外乡创业,成为一股举足轻重的力量,也是庆元的宝贵财富。根据生物科技发展的规律和需要,精心筛选乡贤中的生物科技类企业创办者,打好"乡愁"牌,下大力气引导乡贤回归。发挥好乡贤企业的带动作用,实现"以贤引贤""以贤引商""以商引商",形成优秀项目聚集的产业集群。

(三)加快园区建设步伐,推动生物科技企业产业集聚

一是高标准定位。产业园区是生物科技企业落户庆元的有形载体,要高标准定位,高水平建设,高要求管理。要对标国内外先进的产业园建设要求,为浙南闽北最大的生物科技产业集群打造平台,坚持"产城融合""产学融合""研学融合"。合理规划,优化布局,增强空间效能,形成研发高水平、生产高标准、产品高质量的产业集群区。要优化园区环境,不断完善基础设施,高水平建设园区硬件,建齐职工食宿、娱乐、商超等配套设施。园区外立面建设既要具有现代美学,又要融合庆元特色文化,符合大众审美标准,打造亮丽的风景线,创造新的"打卡点"。二是严格把关入驻企业。对于引进入驻的企业,按照生物科技企业"引大引强、引专引精"的要求严格把关,优中选优。推动本土优质龙头企业向园区聚集,确保入驻企业质量,为建成浙南闽北最大的生物科技产业集群做好基础性的工作。三是优化营商环境。加快数字化改革,提高政府服务企业的效率,降低企业的运行成本,缩短各项审批等流程。对于重点生物科技企业和项目,创新服务机制,建立"一事一议"、绿色通道、柔性工作站等工作机制。继续做好"1050""365"等服务企业专项行动,让企业诉求能够快速得到回应,企业难题得到迅速解决。对生物科技行业工作人员,要在生活上给予充分保障,解决好子女入学问题、住房问题,让科研人员安心工作,无后顾之忧。

陈爱玲　林　丽

三管齐下　跨越发展

——缙云县跨越式高质量发展路径研究

中共缙云县委党校

　　产业是支持县域经济社会发展的核心,是扩大税源、做大"蛋糕"、实现富民强县的关键。作为浙江 26 个加快发展县之一的缙云,要赶超"先富"、实现"共富",需要依托独具特色的生态工业、五彩农业、文旅产业作为发展的动力。本文详细介绍缙云县几大特色产业发展现状及存在问题,并提出对策建议,以供参考。

一、缙云县特色产业发展现状

　　近年来,缙云县始终紧盯山区 26 县考核发展目标,从做强生态工业、丰富五彩农业、做实全域旅游入手,不断充实和提升产业发展的内涵和质量,全县经济社会发展水平得到显著提升。具体情况如下:

(一)做强生态工业,夯实富民强县物质基础

　　工业是缙云的立县之本、强县之基、富民之源。近年来,面对错综复杂的宏观经济形势,缙云始终坚持"工业强县"不动摇,坚定不移建平台、抓创新、强招引、促转型、优环境,持续推进生态工业高质量绿色发展,打造全省大花园核心区生态工业高地。具体包含以下四方面工作:一是大力度开展平台"二次创业",推进丽缙园、缙云经济开发区整合提升,成功拓宽了缙云工业发

展的空间;二是狠抓主体培育,持续不断推动企业上规及上市、国企改革等工作,做大做强缙云企业;三是大力度推进产业创新和转型,紧盯 R&D 经费支出占比,提升关键指数,提前谋划推动建立县域科创中心,支持企业技改、高层次人才引进,同时,进一步明确产业导向,大力度推进"腾笼换鸟、凤凰涅槃",通过整治倒逼企业转型升级;四是通过优化政策供给、提供精准服务、提升金融支持等方式,持续不断优化营商环境。缙云规上工业增加值从 2018 年的 37.3 亿元跃升至 2020 年的 51.2 亿元,增长 37.3%;规上工业产值从 2018 年的 187.8 亿元提升至 2020 年的 266.1 亿元,增长 41.7%,重新领跑丽水,夺回丽水生态工业第一强县地位。

(二)丰富五彩农业,拓宽富民增收产业渠道

近年来,缙云以农业供给侧结构性改革为主线,坚定不移做深、做精、做强以"五彩农业"("黄"即烧饼、黄茶,"白"即茭白、爽面,"红"即杨梅,"黑"即霉干菜,"灰"即麻鸭)为代表的乡愁富民产业。重点包含五方面工作:一是根据农业产业优势、空间分布特点,制定"一群两区三带三园"产业发展空间布局["一群"即茭白产业集聚群,"两区"为缙云黄茶和缙云菜干产业优势区,"三带"为特色水果产业带、小麦种植和缙云爽面产业带、特色养殖产业带,"三园"为农产品加工小微园、家庭农场(农创客)产业提升创业园和农产品批发物流冷链园],明晰全县农业产业发展路径、步骤;二是持续发力做强缙云烧饼、缙云爽面、缙云黄茶、缙云茭白等农业产业品牌,提升"有缙道"区域公用品牌知名度、影响力,推动缙云农产品打开县域外市场;三是做长农产品价值链,积极搭建农产品加工园、农业创业园、产业集聚园;四是以全县"双招双引"开局之年"一号工程"为契机,加强农业龙头产业招引;五是深化绿色发展,纵深推进对标欧盟标准等工作,强化农产品品质管控。2021 年上半年,全县农村常住居民人均可支配收入 6878 元、同比增长 18.4%,低收入农户人均可支配收入 3654 元、同比增长 13.8%,增幅领跑全省。

(三)做实全域旅游,打响山区文化旅游品牌

旅游业向来是富民惠民的幸福产业。近年来,缙云凭借着仙都景区创成

5A级景区、仙都黄帝祭典规格成功升格为省祭等契机,以山水为纽带"串珠成链",着力打响缙云文化旅游品牌,打造"黄帝缙云、人间仙都"高品质全域旅游目的地。重点做了三方面工作:一是扎实推进"红绿融合"全域旅游格局创建,培育以黄帝文化游、山水康养游、红色革命游、特色美食游等为代表的具有鲜明缙云特色的旅游标识。二是稳步推进西寮休闲养生旅游度假中心、石头城文化主题酒店、羊上天空之城、千鹦花鸟园、缙云石窟等一批旅游项目的建设,旅游产业基础设施不断完善,接待能力显著提升。三是依托休闲运动产业发展,开发驴道、古道、绿道,培育休闲旅游示范基地、休闲旅游项目,积极发展具有山区特色的文体旅游业。2021年上半年,全县接待旅游者130.9万人次,实现旅游总收入 13 亿元,同口径比分别增长 164.7%和164.3%。

二、缙云县实现高质量跨越式发展存在的问题

近年来,缙云县交通条件日趋改善,公共服务不断健全,整体环境大幅提升,但对照群众日益增长的美好生活需求,特别是对照全省共同富裕示范区建设指标、丽水山区跨越式高质量发展目标指标,仍存在一些薄弱环节。从本质上看,影响缙云跨步向前与全省同步实现共同富裕的主要问题,可以归纳为人口及城建布局分散、生态工业产业集聚水平不高、县域内部发展仍不均衡三方面。具体表现为以下几点。

(一)人口及城建布局分散,制约群众增收

一是人口分散、各生产要素难以集中。全县人口分布不均衡,绝大多数人口集中在西北部地区,东南部人口稀疏。根据第七次全国人口普查数据,缙云常住人口主要分布在县城、壶镇、新建及新碧,这几处人口大约占全县常住总人口的60%。全县产业布局、教育卫生等公共基础设施也由此而呈现分散状态。缙云县城的人口、产业、城建集聚度都不高,经济总量不大,很难形成一定规模的政治、经济和文化中心,导致作为政治中心、拥有相对丰富公共

资源的城区辐射范围有限,基础设施共享性相对较差。而以壶镇、新碧等为代表的工业区块在建设一些公共基础设施时,面临着投入大、效益低的问题。二是人口构成上农村居民占比高,成为发展的制约因素。缙云常住人口城镇化率由 2015 年的 51.8% 提高到 2020 年的 56.8%,低于全省数据,还有接近半数常住人口为农村居民。虽然近年来缙云交通发展迅速,交通网络更加通达,创造了很多新的就业机会,但从目前来看,多数农户仍是以种植业和养殖业收入为主,以工资性收入和劳务性收入为主的农户占比不高,导致农民收入增长的可持续性不强且缺乏一定的抵御风险能力。该项因素也成为制约缙云群众收入稳步增长、全县域经济均衡发展的主要因素。

(二)体量及集聚度还不高,工业产业链延伸困难

工业是县域经济压舱石。对比省内、周边同类地区如青田、仙居、武义、江山、龙游等县市,缙云工业在近五年得到大跨步发展,规上工业增加值持续保持高增速,从 2018 年的第 6 位提升至 2021 年上半年的第 4 位,呈现持续扩量提质、向上向好的强劲发展势头。但与省内、周边经济发达县市相比仍存在差距。一是规上工业体量不大,与发达地区工业体量相比仍存较大差距。比如以 2020 年缙云县规上工业总产值 266.1 亿元为基数,与浙江中生代工业百强县市永康市(2006 年入选)相比,还差 545.98 亿元,与新生代工业百强县市嵊州市(2020 年入选)相比,还差 216.61 亿元。二是产业集聚度不高。缙云受空间地形限制,工业产业空间分散在县域外的丽缙园、经济开发区两个区域。丽缙园区拥有规上企业 97 家(含壶镇 63 家),缙云经济开发区拥有规上企业 86 家。横向对比周边县,武义经济开发区拥有规上企业 379 家,2021年上半年实现规上工业总产值 217.81 亿元。小而散的工业布局限制了全县工业规模效应和集聚效应的发挥。三是创新能力不强。虽然近年来缙云县产业创新指数在山区 26 县中名列前茅,但拿到全省与非山区 26 县地区相比,企业整体创新能力不强。丽缙园区在浙江省高新区 2017—2019 年度考核中,总分由 25.03 分提升至 38.83 分,考核排名分别为 38 名(共 39 家)、40 名(共 45 家)、38 名(共 43 家),呈现稳步上升态势,但仍处于全省末尾。且虽然缙云已是丽水市域内的工业强县,但包括丽水各县市区在内,还未创成过国家级高新技术园区。

(三)县域内部发展不均衡,区域联动紧密度不高

缙云是典型的山区县,素有"九山半水半分田"的说法。受此影响,不但与全省存在发展的差距,就是县域行政区块之间也还存在着发展不平衡、联动不充分的问题。一是从全省来看,与全省平均水平比较,相对差距虽然缩小,绝对差距仍在扩大。2010年缙云县城乡居民收入相比全省平均水平分别差6084元、4625元,2020年缙云县城乡居民收入相比全省平均水平分别差14925元、8464元,绝对差距持续拉大。二是从自身发展历程看,城乡居民收入相对差距逐步缩小,但绝对差距拉大。2010—2020年缙云城镇和农村居民收入年均增速分别为22.4%和35.1%,农村增速比城镇高12.7个百分点,城乡收入比由2010年的3.18∶1,缩小到2020年的2.04∶1,城乡相对差距逐步缩小。但由于农村基数低,水平差距仍呈拉大趋势。2020年缙云农村居民收入为23466元,与城镇居民的差距从2011年的14597元扩大至24308元。

三、缙云县跨越式高质量发展的对策建议

(一)持续把增加农民收入作为重中之重

"小康不小康,关键看老乡",富裕不富裕,关键还得看老乡,农村居民增收问题事关共同富裕示范区建设大局。对于山区26县而言,关键要大力拓宽农村居民工资性收入渠道。出台并落实支农惠农政策,提升农村居民经营收入水平。一是持续大力度开展"大搬快聚、富民安居"。积极推动农村居民人口集聚、跨山统筹,加大对地质灾害点群众、低收入农户、生态敏感地区群众的搬迁力度,努力探索"搬迁下山、异地脱贫"的"换血"式"共富"新路。让高山、远山群众彻底"拔掉穷根",实现共同富裕。二是建议从省级层面出台专门针对山区26县的惠农政策。结合"一县一策",因地制宜出台农业发展政策。如针对缙云茭白、黄茶等产业推出优惠政策,鼓励资本进村、企业进村,

就地推动农民在家门口就业,给农村常住居民提供多元的工资性收入渠道。三是建议积极引进市场主体。建议政府牵头,将农村地区农业企业项目招引纳入招商引资考核任务,鼓励各乡镇街道及部门开展有针对性的农业招商,推动龙头农企通过规模化、产业化运作,提升资源资产向资金资本转化的效益,加快县域内闲置或低效利用的土地、宅基地、房屋等资源的盘活与增值。

(二)将促进生态工业发展作为关键一招

按照县委县政府既定工作部署,聚焦聚力高质量发展、竞争力提升、现代化先行,始终高举"工业强县"大旗,将坚决打好新一轮制造业"腾笼换鸟、凤凰涅槃"攻坚战作为突破口,大力实施淘汰落后、创新强工、招大引强、质量提升四大行动,坚定不移走好生态工业高质量发展之路。一是建议省级层面给予政策支持。以"一县一策"编制为契机,聚焦产业、空间、科技、要素四方面,找准切入点、针对薄弱点、挖掘潜力点,给予缙云真管用、能见效的政策措施,着力推动缙云生态工业实现总量规模、产业结构、企业梯队、科技创新、质量效益显著提升,为全省山区 26 县提供有特色、能复制、可推广的缙云经验。同时,争取省政府支持缙云开展山区县生态工业跨越式发展试点建设,以政策红利、重大机遇赢得发展先机。二是靶向聚焦,做强特色主导产业,强化产业集聚度。坚持企业自主、政府引导、招商创新,通过外引内育,打造链主型企业和龙头企业,整合扶持产业链上下游延链、补链项目,重点加快缙云健康医疗和机械装备等主导产业发展,力争培育两个百亿级现代产业集群。借助省市支持,省、市、县合力,重点吸引 20 家大型企业在缙云投资建厂。

(三)把推动区域联动同富作为长效机制

更好地发挥城区、产业园区作为核心的龙头带动作用,持续放大核心区、核心镇基础设施等共享服务溢出效应,带动全县全域共同、均衡发展。一是持续强化"四城联动"城区建设。加快建立以缙云新区、老区、东渡南城、高铁新城"四城联动"为枢纽,全域覆盖、普惠共享、区域一体的基础设施服务网络。加快推进人口城镇化,稳步推动农业人口向县城集聚。同时,建议逐步加强城区产业功能建设,努力谋划并逐步在城区开展工业平台、创新平台建设,更加有效地发挥县城作为中心区在缙云的示范引领作用,更好地推动全县实现整体联动发展。二是持续深化"两个平台"建设。建议进一步整合、优化全域产业布局,提升缙云的产业集聚度,探索城区、经开区、丽缙园区抱团、差异化发展新模式和新机制,积极探索并努力推进全域规划统筹、利益补偿、激励约束、资金分担、信息共享、政策协调等合作共赢机制落地见效。通过三个核心区块公共服务、产业集聚效能的发挥,带动周边区域实现服务延伸、富裕共享。

刘燕峰

数字融合生态　引领跨越发展

——遂昌县跨越式高质量发展路径研究

中共遂昌县委党校

2020 年 10 月,浙江省委书记袁家军在新时代推进山区 26 县高质量发展座谈会上强调,要推动山区跨越式发展,使之成为山区人民的美好家园和全省人民的向往之地。遂昌作为省委书记袁家军 26 个加快发展县调研的第一站,近年来实现了跨越式发展,取得了瞩目成绩,在全省山区 26 县考核中,从 2018 年的第 21 位跃升至 2020 年的第 7 位。2021 年上半年 GDP 增长 18.9％,从 2019 年的全市倒数第二跃升至全市第一、全省山区 26 县第一。成绩的背后离不开遂昌县致力共同富裕的探索实践,本文对相关经验进行总结,以供参考。

一、遂昌县打造山区县共同富裕先行样板的主要做法

遂昌以打造山区县"最美生态、数字引领、跨越发展、向往之地"深度融合的共同富裕先行样板,通过解放思想、比拼赶超,走出了以数字经济为核心的生态产业发展之路。

(一)创造与改造同步,探索数字化共同富裕之路

抢抓数字化、生态化时代风口,把发展数字经济作为县域换道超越的战略抓手,加快"生态＋""文化＋""数字＋"相互促进的数字生态产业体系建设。

一是推进"天工之城—数字绿谷"建设。2020年以来,遂昌签约引进阿里云、网易等20多家头部企业,落地实施Holovis数字文创中心等34个项目,网易联合创新中心、阿里云创新中心相继投入运营,成功举办"天池大赛·2021全国数字生态创新大赛总决赛"等活动。遂昌入选全省数字经济创新发展试验区,获省财政数字生活新服务样板县专项激励,高新技术产业增加值连续两年保持两位数。

二是推进生态工业智能化改造行动。坚持生态工业"挑大梁"地位不动摇,引进省智能制造专家委员会,实施传统制造业智能化改造三年行动,第一批11个智能化改造项目基本完成,培育拟上市企业5家,新增国家级专精特新"小巨人"企业1家,建成全省首个金属制品行业互联网平台,荣获全省淘汰落后产能和"腾笼换鸟"工作先进县。

三是实施"双招双引"战略工程。坚持"一把手"带头招商,全力引育牵一发动全身的"大好高"产业项目,成立全市首只"双招双引"专项基金、首个"双招双引"服务中心,2021年累计签约项目24个,合同投资额共119.4亿元,同比增长33.9%;建成全市首个县级人力资源产业园,2019年、2020年引进各类人才数大幅增长314%、205%,全职博士、省级重点引才计划实现"零"的突破。

(二)激活与赋能共进,探索生态化共同富裕之路

立足"生态是最大优势,发展是最重任务"的基本情况和最大实际,高举生态旗帜,不断擦亮绿色底色,县域环境质量指数、生态环境状况指数位居全省前列。

一是健全完善数字化、标准化治理机制。建成全市首个智慧环保系统,制定石材行业的资源管控、安全生产、环境治理等标准体系,重拳开展城区环境整治"百日攻坚"、东城新区环境综合整治、仙侠湖库区环境综合整治等专项行动,有效解决了一批城乡环境顽疾,县工业园区获评国家绿色产业示范基地。

二是持续拓展生态产品价值实现路径。仙侠湖流域生态环境导向的开发(EOD)项目入选全国试点,完成全国首次村级GEP、GDP双核算,成立生

态资源资产经营公司,在全省率先争取到国开行22亿元"生态产品价值实现"专项贷款。实施大柘数字茶业创业园、金竹农创研育所等项目,建设海拔600米以上绿色有机农林产品基地15万亩,累计实现"丽水山耕"农产品销售额33.78亿元,创成全市首个国家农产品质量安全县。

三是推动旅游业加快发展升级。升级打造研学、旅居、团建、会议四大精品旅游目的地,山地越野、水上运动、红色研学等新业态受热捧,遂昌"百县千碗"金名片持续擦亮,创成全省首批全域旅游示范县,2021年上半年旅游总人数同比增长136%、旅游总收入同比增长135%。

(三)重塑城市空间,探索城镇化共同富裕之路

遂昌坚持以人的现代化为核心,推进以县城为重要载体的城镇化建设,实施"小县大城、产城融合、组团发展"战略,探索山区新型城镇化发展路径。

一是推进当代山水城市典范建设。加快推动以县城为主体的新型城镇化,推进"未来都市区"五大组团建设,古院社区入选省"未来社区"试点,源口、月亮湾等社区中心正式落地山城,建成"未来公园"和一批精致的"微公园""微景观"。积极推进"有机更新区"三大聚落建设,完成老旧小区改造约15.2万平方米,城市更新比例达到46.7%,困扰城市能级提升、居住环境改善的旧城改造取得历史性突破。

二是开展"未来乡村"建设行动。持续做好"兴业、塑形、富民、补缺、引人、智治"6篇文章,扎实推进新时代美丽乡村建设,在全省率先发布《未来乡村建设导则》,开展3个"未来乡村"试点,建设48个花园数字乡村,"数字乡村"登上央视《新闻联播》,9个乡镇入选小城镇环境综合整治省级样板,成为全市首个省级美丽乡村示范县。

三是持续推进"大搬快聚""一户多宅"清理整治。累计签约搬迁6328户22460人、拆除"一户多宅"5866宗,新增"增减挂钩"指标1339.8亩,"大搬快聚"工作考核连续两年全市第一、全省领跑。152个行政村实现高质量消薄,低收入农户人均可支配收入增幅连续6年达15%以上、连续2年居全市第一。

(四)借势与借力贯通,探索一体化共同富裕之路

遂昌紧抓山海协作带来的历史性机遇,深化与结对县市全方位全领域合作,导入优势资源,强化产业合作,持续畅通与长三角的要素循环、交通循环、产业循环、市场循环、创新循环,提升山区县经济竞争力、拓宽发展空间。

一是加快融入长三角一体化高质量发展。深化与上海虹口、绍兴上虞等地的友好合作,更加主动导入清华长三角研究院等优势资源,深入实施生态共建共享、基础设施互联互通、生态产业集聚提质、科技创新合作承接、开放对接市场一体、公共服务异地同城六大行动,推进人才、科技、项目、金融、生态等各领域深度接轨。

二是推进"山海协作"升级版行动。持续深化与诸暨、南湖、象山等地的"山海协作",探索联合招商、共同开发、利税共享等机制,积极对接大湾区等高能级平台,谋划建设更多科创飞地、产业飞地、人才飞地、生态飞地,合力推动协同制造、协同创新、协同发展。

三是打造立体综合交通体系。加快构建通江达海、内畅外联的交通运输网络,围绕谋求"杭遂同城",全力以赴谋划金南铁路、义龙庆高速、缙云至江山高速、S215遂昌段、通用机场、新型山地轨道交通等重大项目,加快衢丽铁路(衢松段)开工建设,争取与衢丽铁路(松丽段)同步建成通车,加快实现赴杭、到丽、县内3个"1小时交通圈"。

(五)外延与内涵并重,探索现代化共同富裕之路

遂昌围绕实现本质的现代化,更加注重促进公共服务社会共享,不断提升生活品质、环境品质、社会品质,让人人享有共同富裕美好生活。

一是以敢为人先的首创精神推进数字化改革。2020年4月,遂昌在全省最早研发上线基于整体智治的"项目全周期管理应用",上线的213个重点项目推进提速近一倍,2021年在全市第一个完成县级门户集成上线,"法院核心战斗力指数2.0""一床一码""低收入农户帮促""浙农码""社区矫正心理健康"等场景应用被列入省厅试点,数字化改革综合排名持续位居全市前列。

二是大力推动基层治理体系和治理能力现代化。加快推进"县乡一体、

条抓块统"省级改革试点,启动"大综合一体化"执法改革,基于基层治理"四平台"的美丽河湖面治理"一件事"、农民建房"一件事"等上线运行,县乡协同作战能力进一步提升。事业单位"编制银行"改革得到中央编办认可,"个人债务重整"制度列入最高人民法院个人破产制度试点,"信用村治理"获评"中国十大社会治理创新典范",连续三年创成省"无信访积案县",成功夺取全省首批"一星平安金鼎",2020年群众安全感综合满意率居全省第一。

三是实施公共服务优质共享行动。提升全面小康成色,实验小学、遂昌三中建成投入使用,县高考成绩创历史新高,特殊类型招生控制线上线206人。开展全省唯一的医疗卫生人才"省属县用"试点,让老百姓在家门口就可以享受高质量医疗服务。积极推进新时代文明实践全国试点,汤莎文化国际交流被列入全省对外开放十大新举措。

二、遂昌县打造山区县共同富裕先行样板中存在的不足

相较于经济相对发达的浙东北沿海等地,遂昌县在加快跨越式高质量发展、推进共同富裕中的短板弱项,主要体现在交通体系尚未健全、绿水青山与金山银山的转化通道尚未完全打通、产业转型升级相对较慢、要素保障能力相对较弱几个方面,山区县内生发展动力亟待增强。

(一)"1小时"城市交通圈未完全实现,资源要素"快进快出"通道打开受阻

一是高铁尚未建成开通。遂昌是衢丽大花园的核心区域、金义都市区的后花园、长三角地区的旅游休闲地。近年来虽然衢宁铁路建成开通,结束了遂昌无火车的历史,但衢宁铁路为单线,客货共运,时速最高160公里,遂昌到杭州仍旧需要3.5小时,比开车用时还长,且由于班次较少,对外来游客吸引力不大。二是境内公路网密度偏低。2019年底全县公路网密度为71.31千米/百平方千米,低于全省48个百分点,二级及以上公路占比仅为10.17%。高等级公路占比率远低于全省及丽水市水平,遂昌作为大花园核心地区,满足外来游客需求的"快进快出"通道尚未打开。在某种程度上,以遂昌为代表

的大花园地区通往长三角、都市区、大湾区的交通,已经成为制约大花园地区发展的主要因素。

（二）产业集聚创新和转型升级能力较弱,"绿水青山就是金山银山"转化通道打开受阻

一是产业层次偏低、创新能力不强。遂昌的产业结构是以金属制品为主导的传统加工制造业为主,高耗能行业偏多,与生态保护理念冲突,同时存在企业规模偏小、效益低、竞争力相对较弱等问题,在工业的研发投入和亩均税收上与全省平均水平存在差距。遂昌规上工业亩均税收为18.2万元,低于全省9.3万元,生态效益与经济效益不相匹配;研发投入占比为1.15％,低于全省1.45个百分点。二是生态资源优势未完全转化为旅游资源优势。遂昌拥有丰富的旅游资源,但旅游产业发展尚未成熟,旅游景区品质有待提升,旅游产品内容不足,休闲体验式产品少,新产品新业态缺乏,导致生态资源优势未转化为旅游资源优势。

（三）资源要素供给跟不上经济社会快速发展需求,跨越式高质量发展支撑通道打开受阻

一是土地资源紧缺。受地理环境限制,遂昌县可供开发利用的土地少,但其又正处于快速发展时期,产业、社会事业、基础设施等各方面重点项目加速推进,对土地指标的需求逐年加大。根据调研,近三年遂昌每年新增建设用地指标需求量约2000亩,但省厅三年累计下达指标仅2784亩,指标缺口较大,难以满足经济社会发展需求。二是资金缺口大。遂昌情况较差,2020年财政总收入18.59亿元,一般公共预算收入11.43亿元,其中税收收入9.27亿元,但刚性支出达24.3亿元,财政收支不平衡,进一步影响了重大项目建设,经济社会发展受限。

（四）山区公共服务保障能力有限,实现共同富裕的通道打开受阻

一是学校生均教育经费低于全省平均水平,义务教育标准化学校创建率96.43％,低于全省平均水平;高考生的"双一流"高校录取率偏低;教育高端人才引进依旧艰难,初中、高中教师研究生比例严重偏低,远低于全省平均水平。二是医疗资源总体不足,基础薄弱,部分卫生院业务用房、医疗设备和办公设备老旧,需投入大量资金进行更新换代。三是乡镇居家养老服务中心建设滞后,养老机构城乡发展不平衡,全县有村级居家养老日间照料中心192个,有配送餐服务或开办老年食堂的仅为63.5%;乡级中心中具有500平方米以上面积,可设置托养床位10个以上的几乎没有。

三、对遂昌打造山区县共同富裕先行样板的建议

山区是浙江实现共同富裕的重要组成。整体而言,只要发挥自身特色优势,探索形成山区县跨越式高质量发展的道路,"跳一跳摘桃子",完全可以渐渐追赶上全省现代化发展步伐,实现共同富裕。针对遂昌等山区县普遍存在的短板弱项,建议在现代化交通体系、山海协作、产业培育、要素保障、公共服务等方面加大扶持力度,并给予省级层面的支持。

(一)支持山区数字化转型赋能,构建生态产业体系

一是支持山区数字经济发展。研究制定基于山区生态经济和数字经济发展的"一县一策"。加强与数字经济头部企业战略合作,设立专项资金,鼓励引聚数字经济人才团队、创客群体、中小微创新企业,积极构建"生态＋、文化＋、数字＋"相互促进的数字生态产业体系。持续推进省级数字经济创新发展试验区创建,深化推动"天工之城—数字绿谷"建设。二是支持发展山区生态工业。以集群化、绿色化、数字化、现代化为方向,推动传统制造业转型升级,引育高端装备制造、新材料、生命健康等新兴产业,构建现代生态工业体系。三是支持山区高品质全域旅游业发展。推进"汤公文化＋旅游""红色文化＋旅游""民俗文化＋旅游"等文旅融合发展模式,给予山区旅游一定的资源倾斜,帮助打响山区文旅品牌,推动富民增收。

(二)支持山区重点项目建设,加快完善基础设施

一是强化山区交通重点项目资金保障。提高山区26县补助标准,降低山

区县地方配套资金支付比例,在重点铁路、高速公路等项目资本金部分考虑进一步提高省级比例、减少地方出资。二是加大对重点交通项目的支持力度。就遂昌而言,要加大对衢丽铁路、义乌至龙泉高速公路、528国道遂昌石练至龙泉段改建工程等重点建设项目的支持力度。

(三)支持"山海协作"工程深化,加快健全长效机制

一是深化飞地建设。抓住长三角一体化发展和长三角区域科创共同体建设机遇,加快推进以"南湖—遂昌"为主的山海协作产业园和其他"科创飞地""人才飞地"建设,支持"飞地互飞"。推动高水平建设遂松(遂昌—松阳)乡村振兴示范区,加快融入长三角一体化和海西经济区。加大专项资金支持力度,予以产业飞地一定额度的建设用地指标保障。二是建立健全结对帮扶机制。推动设立省属企业主导、地方参与、民企入股的山区建设投融资运营管理平台,建立省属企业结对帮扶机制,盘活山区自然资源,逐步形成"一企一县一项目"长效帮扶机制。

(四)支持山区创新要素保障,加快推动跨越式发展

一是拓宽融资渠道。鼓励政府性融资担保机构为山区企业提供融资担保服务,降低担保费率,重点支持遂昌有条件的企业在境内外上市融资或发行债券融资。支持下放1000万元及以下额度贷款审批权限至遂昌县域金融机构,着力解决融资难、融资贵问题。二是完善绿色发展财政奖补政策。充分利用好遂昌等地空气质量较优的情况,参考出境水水质财政奖惩制度,在新增空气质量财政奖惩制度中,既考虑存量奖补,也实行奖惩,每年可按空气质量等级天数占比给予一定的奖励,促进绿色经济发展。

(五)支持山区公共服务均等化,夯实共同富裕基础

一是加大农民异地搬迁补助力度。持续大力推进"大搬快治""大搬快聚"等富民安居工程,实施"大搬快富"行动。二是加大就业创业人才政策支持力度。加强人才定向培养政策扶持,鼓励专家团队到遂昌开展人才服务,鼓励高校毕业生到遂昌开展实习就业。在职称评定、岗位竞聘、升职加薪等

方面,给予一定的资源倾斜。三是提升医疗教育等的保障水平。进一步拓展"省属县用"试点范围,推动优质医疗资源下沉。进一步推进"互联网＋义务教育"结对帮扶,加强教师团队交流。

王俊杰　黄　波

探索县域特色街区政策
加快实现山区县跨越式发展

——松阳县跨越式高质量发展路径研究

中共松阳县委党校

《浙江省山区 26 县跨越式高质量发展实施方案(2021—2025 年)》的出台,为浙江山区 26 县带来了重要发展机遇。松阳是浙江省山区 26 县之一,又是全省共同富裕示范区首批试点县。近年来,松阳县立足自身资源禀赋,用生动的实践诠释"小县要有大志气,小县也能大发展"的雄心壮志,在山区"房、地、产"多产融合助力乡村振兴、传统村落针灸式活化、推动生态产品价值转换、聚焦当地优势等方面探索实践,加快实现山区跨越式发展,使茶产业走出了"一张叶子富一方百姓"的新路子。本文对松阳县茶产业现状及发展困境进行分析,提出以打造县域特色街区为抓手的破局策略,以期为县域特色产业进一步提升提供发展思路。

一、松阳茶产业发展现状

近年来,松阳茶产业发展势头良好,全县现有茶园 13.7 万亩,茶叶年产量高达 1.42 万吨,产值 14.1 亿元。全县 40％的人口从事茶产业,全县 50％的农民收入、60％的农业产值来自茶产业。当然,松阳茶产业在如火如荼发展的同时也遭遇了瓶颈,主要有以下几方面。

(一)茶叶加工企业规模小,数量多

全县有 3000 多家茶叶加工厂和加工作坊,通过食品生产许可认证的茶厂 39 家,年销售收入 1500 万元以上的茶叶龙头企业仅有 17 家,90% 的茶叶加工厂的年产值都在 100 万元以下,作坊式生产、初级产品加工占主导地位,产品附加值低。大量的小茶厂分布于各村,搭建简易,与住房相连,设备简单,场地狭小,卫生状况、产品质量难以保证。

(二)品牌产品销售差,带动力不强

截至目前,松阳县有效注册的茶叶商标有 521 件,仅 2020 年就注册了 113 件。商标注册量多,但真正使用起来的还是很少,目前松阳的茶叶还是以散茶销售为主,绝大部分的茶叶作为原料茶到了中间商手中,没有体现品牌效益。据不完全统计,2020 年松阳县品牌包装销售的茶叶共 110 万斤(悠谷春 50 万斤,青山 27 万斤,其他如雪峰云尖、仙岩谷、木山堂、振通宏、绿茗峰、陆和茶业等共 33 万斤),占全县一产产量 3300 万斤的 3.33%。

(三)缺乏明显的地域文化符号,茶文化挖掘不深

目前,松阳历史街区对民居文化元素、农耕文化元素和氏族文化元素有所展现,但对茶文化等特色资源尚未进行挖掘。一是松阳县历史文化名城名镇建设没有统一的、高屋建瓴的文化内涵指导,没有成规模的、有艺术感染力的符号展现,人们休闲漫步在城市中能感受到的松阳独有的文化气息还比较有限。二是"文化兴茶"需求迫切,但挖掘文化思路不宽。对茶文化资源的保护工作尚未全面展开,社会对茶文化资源的显性价值和潜在价值认识不足,重经济收益、轻文化培育现象客观存在。如对卯山仙茶、叶法善等文化内涵挖掘不够,茶商大会留下的固化(物化)纪念不多,松阳人喝茶品茶的氛围还不够浓厚。三是松阳茶叶历史悠久,但追根溯源工作尚且不够。对松阳茶的种植历史、发展脉络、名人古迹和文学作品整理挖掘远远不够,没有一部高质量的松阳茶史专著,没有多少可以缅怀先人的人文古迹,也没有对先人歌颂松阳茶的文学作品进行深入挖掘整理。

(四)业态培育不足,融合发展动力不够

松阳县历史文化街区属于山区县原生态传统商业街,历史建筑不老也不大,民居是普通的民居,街区是普通商业街区,业态层次较低,保留与提升均困难,难成茶产业的发展助力。一是历史文化街区中传统商业、手工业逐渐衰退。历史文化街区有被边缘化的趋势,由此导致历史文化街区保护与发展动力不足。同时财政可投入资金有限,基础设施不够完善,人居环境不够理想。二是松阳茶叶发展迅猛,但"以茶兴城"措施有限。松阳的茶叶全产业链提升还有较大空间,茶产业发展对城市建设与发展影响还比较有限,茶叶作为城市标志的识别度还不够高。三是"以茶兴旅"初见成效,但茶旅结合深度不够。茶旅结合的产品单一、结合的广度与深度都还比较有限,尤其是茶产业与历史文化名城名镇、传统村落融合得也不够。

二、创建茶文化特色街区的基本思路

针对松阳茶产业中存在的问题,急需创造新的抓手,打造茶文化特色街区,以街兴茶,以茶名城,以解决茶产业面临的资源、场域、文化瓶颈。

(一)明确茶文化特色街区的功能定位

特色街区集购物、休闲、文化、度假、体验于一体,是城市的名片、会客厅,是当地文化历史渊源、个体特色、民俗风情等的具象表现平台,是游客感知地域文化的神经末端。特色街区不能脱离当地产业发展实际,以松阳县为例,要牢牢把握茶产业发展基础,打造茶文化特色街区,形成茶产业商圈,这可以有效弥补当地茶产业附加值不高的劣势,还能够保留和传承松阳特有茶文化的根与魂,茶文化街区的功能定位应聚焦"商贸—文旅—研学—休闲—悟(茶)道",并在县域中布局建立茶业物流商贸区、科创示范园、知名品牌展示区、产城融合区、文旅示范区、会展研学区,全方位展示松阳茶文化内涵,让文化看得见、摸得到、能体验,让街区成为展现千年古县形象的新名片。

(二)明确茶文化特色街区的核心要素

一要锚定主旨,以"茶"为特色街区核心。将"茶"与"街","茶"与"城"结合起来,结合区域特点,融入产业元素,实现以茶兴城、以茶名城。二要明晰主线,以"茶产"为街区发展主轴。加快推动茶资源全价利用、茶产业全链开发、茶品牌全城共建、茶效益全民共享,以高品质茶文化街区的建设,逐步推动打造具有国际影响力的中国有机茶乡。三要确立导向,以实现共同富裕为最终目标。通过挖掘地区特色产业优势,包装整合,带动三产融合富农增收,缩小城乡差距,实现山区共同富裕。

(三)探索针对特色街区的扶持政策

以松阳茶文化街区探索实践经验为基础,积极争取省、市、县联动,探索出台支持山区 26 县特色街区发展专项政策,将开发融资、规划选址、产业扶持、落地运营等政策统一打包,把松阳经验推广开去。如完善财政投入政策,设立特色街区专项资金,同时"筑巢引凤",招商引资,鼓励和吸引有实力的企业和民间组织、本地居民等共同参与;统筹考虑街区发展与城乡发展关系,打造 5G 智慧街区,完善功能设计、配套设施、电网等基础建设,提供相应的技术指导、政策优惠,跨山统筹、搭建互助平台。

三、推进茶文化街区打造的对策

(一)加强特色街区选址分析

特色街区选址因各地发展而异,既可利用原有资源改造,也可重新规划建设。

一是可与当地城区升级改造相结合。选取特色产业基础条件好,市场发展较成熟,区块可利用空间大,符合特色街区要求,并且可操作性强的地段进行升级改造。如松阳县以"浙南茶叶市场为中心,长虹中路为纽带",通过旧城有机更新和长虹路、北山路段提升改造,借助茶叶市场北面工业园区部分"腾笼换鸟"的机遇,结合未来社区建设,在较短周期,使老旧城区在建筑风貌、配套设施、业态层级及居住环境、公共空间等方面得到大幅度提升。特色街区以浙南茶叶市场(涵盖古老院区块)及其对面长运公司办公用房为中心,植入茶叶营销片区,融合直播电商、物流、大型茶事活动场所等设计,建立茶旅融合片区,完善茶文化培训、参观、考察、旅游等配套设施。同时谋划好地下停车位项目建设,缓解停车位不足等压力。

二是可依托集聚人口的村镇辐射带动。松阳县可充分利用新兴镇现有茶乡氛围及茶市人口集聚力,着力打造茶香小镇。茶香小镇目标定位结合本县"智能制造"理念,打造集"茶科技引领示范、茶产业精深加工、茶市场交易集散、茶元素高端集聚、茶文化休闲旅游、茶生态养生康体"于一体的茶产业集聚新平台。重点扶持、引导和导入龙头企业,布局茶科技、深加工等产业,并以此为核心,辐射带动周边县市、扩充产业带,产生虹吸效应,争取把茶香小镇建设成"茶叶带动跨越式高质量发展共同富裕示范区",建设成生态宜居、活力宜业、休闲宜游,产、城、人和谐共融的魅力小镇。

三是可循序渐进打造茶文化概念街区。在全县域全网式植入茶元素,注入松阳茶魂,是打造有机茶乡和文化街区的重要环节。培育以"一街""一江"两岸建设、明清古街、青田码道、瓦窑头河岸为轴心的茶文化体验集聚区,发挥松阴溪水岸环境优势,整体性、系统性重点规划并植入茶文化业态,在传统村落国家公园建设等过程中,充分植入能展销松阳特色茶、土茶及外来名茶等的有怀旧感的茶铺,充分体现"乡愁"韵味。自然、实体、网络虚拟等空间都是茶文化的物质载体,做到有茶的地方就有茶文化,有茶的地方就有茶事活动。将茶自然空间、田园文化、国家传统村落文化和休闲旅游有机整合,以茶文化为抓手,通过推进全县域全网覆盖,提升各地茶园及乡镇有机茶基地线上空间平台建设,促进松阳茶文化品牌塑造,打造有辨识度的松阳茶城。

(二)厚植主业态,实现茶产业全链体验

一是飨物质茶。通过打造茶主题餐厅、茶主题民宿,结合百县千碗的美食推广体验,挖掘提升现有的茶餐、茶点,开发以各类茶叶为食材的美食,丰

富"茶叶宴"的产品(菜品、小吃、糕点等),满足吃茶需求;也要鼓励社会、企业、新生代茶农参与,建设茶馆、茶亭等喝茶、品茶场所,解决当前松阳茶馆不多,纯喝茶、品茶场所不足等问题;针对年轻人喜茶度不够、茶产业发展接续不足现状,研发特色茶、创新茶加工。二是研文化茶。要积极引导茶企、文旅企业对茶叶产品、茶礼、茶伴手礼、茶具、茶制品进行研发推广(如茶染、茶宝玩偶、非遗手作文创等产品、用品、礼品),丰富茶文化传承与弘扬的现实载体。三是悟精神茶。要充分挖掘本土种茶制茶史、茶叶发展史、茶人史、与茶有关的故事等能够体现地方特色的茶文化载体,抓紧建设一批茶博物馆、茶文化研究所、大师工作室等文化展示厅,由文旅等部门牵头,收集并编排茶歌、茶舞、茶故事,送文化下乡,举办茶文化节、各类茶事节庆、茶研学等活动进行大力宣传和推广。

(三)培植新业态,提升茶业发展新动力

"直播+电商"是茶行业新兴业态,新冠肺炎疫情期间,"直播+电商"让松阳茶叶销量有了新的不小的增长点,也让新生代茶农崭露头角。未来松阳要实现茶产业接续发展,打造中国有机茶乡,也需要注入新鲜血液。要制定相应"直播+电商"销售标准,遏制销售乱象,洁净、规范"直播+电商"销售市场,提升松阳茶业品质;出台相应帮扶政策,为"茶二代""茶三代"或新生代茶人提供创业空间和资金扶持,给予新生代创业者(尤其是返乡大学生)相应鼓励政策及配套服务。与新生代茶农保持紧密联系、建立良好沟通合作关系,积极发挥本土网红作用,通过抖音、快手等新兴传播载体,打造松阳茶宣传大使,制造热度,吸引流量,达到售茶、售松阳品质茶、售松阳茶文旅等目的。

(四)布局茶商圈,增强各业态之间互动

要积极发挥政府的主导作用,架构好各业态间的沟通桥梁,实现业态间良好互动;建设智慧管理平台,植入茶文化街区数字化管理模式,为商圈赋能;鼓励行业响应号召转型升级,强力推进品牌建设、茶文化建设;做实做强品牌营销,拓宽对外宣传途径、推广途径。着力培育大企业集团,支持优势企业整合中小企业,鼓励有实力的企业跨区域整合资源,组建产销集团,引导大

型茶叶集团、相关科研单位和社会组织组建茶产业联盟。

(五)加快形成特色街区保障机制

特色街区创建是一项复杂的系统工程,涉及多元主体,如松阳县的茶文化街区,既要有茶商茶企,又要有社会茶协及茶文化组织,还需要政府部门入驻指导管理,统筹运营要求较高,任何一个环节的脱节,都将影响工作成效。建议街区运营以政府主导,实行部分项目外包,引入国企、社会资本多元参与,共同进行街区建设。

一是坚持规划引领。融入业态元素,委托专业机构制定特色街区建设规划,确定规划改造建设范围,突显当地产业特色元素,植入文化街区业态要求,规划布局主题公园、景观小品、主题餐厅、主题宾馆、养生馆、主题博物馆、主题书院等。把握时间节点。综合考虑特色街区建设及城区改造进程的紧迫性,制定出台相应建设规划,规划建设范围内的所有新建、提升项目暂缓实施。明确分期实施,统筹城市建设和土地利用总体规划,结合城区改造等规划内容,确定近期、远期建设计划,明确目标方向,分区域分阶段实施,扎实有序推进特色街区建设工作。

二是统筹多元参与。政府层面,要广泛宣传特色街区建设的重要意义,营造良好的社会氛围和舆论环境,引导所在区域群众认同并支持街区建设;统筹相关建设资金,做好公共基础设施改造、主题文化中心、主题公园、特色街区 logo 及景观小品建设等。企业层面,对特色街区内的经营类项目,要按照市场经济规则,遵从政府引导,进行市场化运作,并设定条件要求,加快项目谋划,通过"双招双引",吸引民间资本和外来资本参与建设运营。社会层面,在特色街区建设范围内,要按照规划要求,采取政策引导、政府资助等综合措施,统一进行立面改造提升,限定经营业态,鼓励文化和旅游类项目落户。

三是强化要素保障。首先要强化组织保障。成立特色街区建设工作领导小组,由县领导担任组长,实行专班化运作,部门联动,建立齐抓共创的工作机制。发改、建设、招商、农业农村、自然资源和规划等部门,要充分发挥职能作用,在项目谋划、对接、实施等方面,形成强大合力,协同推进特色街区建设。其次要强化财政保障。对街区建设范围内的招商引资项目、市场改造提升、居民商铺改造提升及主题经营项目进行相应奖励,支持特色街区业态培育、品牌打造、街区管理等。最后要强化人才保障。围绕产业规划、项目建设、服务管理等方面,全方位培养和引进特色产业发展需要的专门人才和复合人才。对内,招引产业名师到街区开设专业课程,招引各类人才到街区开展主题项目经营;对外,要与省、市旅游协会和旅游院校开展合作活动,不定期地外引专家、教授开展论坛、讲座,拓展经营视野。要加强人才储备,以县职业技术学校为主阵地,整合培训资源,培养本地产业技术人才,开展导游人员等级评定,培养一批星级导游。

包冬英　何羽婷　蒋家伟

"小产品，大品牌"推动增收致富

——景宁畲族自治县跨越式高质量发展路径研究

中共景宁畲族自治县委党校

景宁是全国唯一的畲族自治县、浙西南革命老根据地县、浙江山区 26 县之一，是习近平总书记特别关心关爱的民族自治县和"三个走在前列"光荣使命赋予地。景宁始终牢记总书记的殷切嘱托，紧紧围绕"共同团结奋斗、共同繁荣发展""畲汉一家亲"主题，通过打造本土大品牌，发展"海拔经济"，加快跨越式高质量发展，勇当山区和民族地区共同富裕先行示范的奋斗者，为浙江山区 26 县，乃至全国山区和民族地区探索共同富裕道路提供了新实践。

一、景宁发展现状

（一）打造本土大品牌，拓宽共同富裕幸福路

景宁根据畲乡特色、山区特点及后发特征，创立并深耕现代生态精品农业品牌"景宁 600"，以"党组织＋合作社＋农户"模式，打通生态农业循环关键节点，积极开发符合当地特色的农产品，发展"海拔经济"，助推山区农业供给侧结构改革，走出了一条生态绿色可持续发展道路，并通过"山海协作""飞地模式""央地结对""静景合作"等平台，积极融入长三角一体化，深挖长三角地区优质客源，打入沿海地区生态农产品"高端消费市场"，让山里的绿色食品走向城市，让留在山里的畲汉人民不断增收。"十三五"期间，景宁地区生产

总值从 46.1 亿元增长到 74.76 亿元,年均增速 7.4%,高于省市平均水平;常住人口人均生产总值达 6.7 万元,位于全市中等水平;农村居民人均可支配收入从 13663 元提高到 21625 元,城镇居民人均可支配收入从 28296 元提高到 41735 元,城乡收入比缩至 1.93:1。2020 年,低收入农户人均可支配收入 12857 元,同比增长 14.5%。少数民族农民人均可支配收入 21555 元,增速连续 15 年高于全县平均水平。农民人均可支配收入跻身全国 120 个自治县(旗)的第 4 位,全县 32 个民族村全面消薄。县域竞争力在全国 120 个民族自治县(旗)中排名从第 9 位提升至第 6 位。

目前,"景宁 600"品牌已经形成了 7 大类项目(高山蔬菜、高山水果、高山生态养殖、惠明茶、食用菌、稻鱼共生、中药材)。截至 2020 年底,全县新建生态基地 11.44 万亩,打造系列产品 7 大类 105 款,加盟签约主体达到 55 家,品牌销售额达 18.62 亿元,开辟了山区和民族地区高质量绿色发展,通向共同富裕的新路径。

(二)聚焦民生办实事,全方位缩小城乡差距

"人民群众无小事"一直是畲乡景宁所有党员干部的座右铭。在民生服务上,景宁党员干部在"大赶考"机制的驱动下,以解决群众困难为己任,发扬"跳起来摘桃子"的精气神,以过硬的作风确保民生实事落到实处。特别在解决畲族同胞困难方面,探索走出了一条山区和民族地区通向共同富裕的有效路径。

一是通过教育利民工程,打造全国民族地区技能人才培养新高地,推动教育优质均衡发展。二是通过山海协作,与浙大一院建立"3342X"工作机制,用好"浙江省民族医院"金字招牌,让景宁的百姓也能享受省城一流的医疗服务,打通最后一公里,让百姓在家门口看病就医;通过建立多层次医疗保障体系,实施"健康景宁 2030"行动,打造困难群众高额医疗费补助机制有效提供托底保障先行先试景宁样本,破解因病致贫难题,助推全面打赢精准扶贫脱贫攻坚战。三是通过全面构建幸福养老服务体系、社会救助体系,推进公共服务社会化改革,并大力建设共同富裕现代化基本单元偏远山区的自助养老体系。四是通过完善"一主一备"供水格局,改善农村饮用水安全现状,基本实现城乡居民饮同质水等。

(三)强化制度大保障,共创共享富裕新成果

注重少数民族干部培养,优化干部队伍结构,每年新招录公务员、事业单位公职人员数达招录人员总数的12%以上,民族工作重点乡镇、重点部门均配备了相当比例的少数民族干部,并创新民族干部培训工作,设立浙江(景宁)民族干部培训中心,为打造浙江民族干部教育培训新高地奠定基础;通过减免诉讼费、设立少数民族法律咨询窗口等形式,积极开展少数民族法律援助工作,使270多名少数民族群众受益。通过实施"一村一策",对少数民族、低收入户在政策补助资金上给予倾斜等,增强少数民族群众生产就业能力,提升精准扶贫的有效率。通过举办少数民族科技培训班,提供免费劳动技能培训,并发放生活费补助,对优秀学员实施奖励,提升少数民族群体转岗就业能力。累计完成少数民族群体劳动技能特色培训513人次,少数民族群体新增就业人数600余人。

二、景宁发展过程中面临的问题

(一)提升平台能级,解决"生态工业"赋能

景宁急需合理布局产业链、创新链,推动生产要素向平台集聚。一是创新生态产品价值实现机制,招引一批产业链配套企业,建成具有标志性、现代化、普惠性的产业集聚区。二是补齐科创短板,加大创新人才引育和科技研发投入力度,提高企业科技水平。三是提升产业服务水平,吸纳就业,提高共富能力,逐步形成以生态工业为主导、三产融合发展的新格局,让畲乡好"风景"变成百姓的好"钱景"。

(二)开拓市场空间,解决"市场发育"短板

景宁急需以数字化改革推动制度重塑,创新运用"跨山统筹、创新引领、

问海借力"三把金钥匙,全面撬动各领域改革。一是优化营商环境、引进优质市场主体、健全开放要素,落实"凤凰行动""雄鹰行动""雏鹰行动"计划,提升市场竞争力,助推景宁参与更大范围、更高层次的经济合作和产业分工。二是处理好有效市场和有为政府的关系,激发各类市场主体活力,不断释放发展的新动力。

(三)强化政策引导,加强"城镇化"集聚

景宁急需解决人气、人力、人才不足问题,加快人口集聚,破解交通瓶颈,提升城镇能级,进一步重塑城乡一体格局。一是持续开展"大搬快聚,富民安居"行动,优化乡镇行政区划,做大做强中心镇、中心村。二是加强乡镇管理和服务,推进人口集中、产业集聚、公共服务集成,解决生产力布局散和公共服务效率低的问题。三是强化政策引导,加快工商资本下乡、乡贤人才回流,推动宅基地"三权分置""三位一体"等涉农改革,引导生态产业、乡村旅游发展,加快完成以人为核心的"城镇化"共同富裕的新挑战。

(四)增强系统规划,提升经济综合效益

景宁急需系统化构建综合立体交通网,围绕高速、高铁、国道、航空等,积极打造立体区域现代交通,畅通县内与县外、县城与乡村之间的连接通道,因地制宜发展"特色交通";急需系统化构建域外景宁人"三小经济"商业网,推动"三小经济"转型升级,持续为景宁产业拓展市场空间、注入发展活力;急需系统化构建浙闽畲族文化网,挖掘畲族迁徙之路的历史文化,积极增进与宁德、政和等畲族聚居地区的经济、文化交流,共同打造经济互通、文化互融、团结进步的民族共同体;急需系统化构建平台经济和总部经济立体驱动网,大力实施项目带动和开放承接战略,招引总部经济实体企业落地,导入联动资源,加快要素连接,发挥总部经济发展的效益。

三、破解景宁发展瓶颈的对策

(一)政策倾斜，助力产业集聚突破

一是出台支持推进澄照创业园项目三期、四期建设的政策。澄照创业园一、二期可供用地仅剩 180 亩，且为块状地，亟须启动三期、四期开发，规划场地平整约 3000 亩，打造浙西南幼教木玩产业集聚平台，预计项目总投资约 16 亿元。二是出台支持发展产业"飞地"和"飞楼"经济的政策。争取省委省政府支持景宁在沿海地区高能级平台建设产业"飞地"，并帮助协调将"飞地"落在杭州钱塘区。支持景宁在上海或杭州未来科技城购买商务楼宇，助推景宁招引高层次人才，发展数字经济、网络经济，加快培育经济发展新动能。三是出台支持保留丽水经济开发区景宁民族工业园管委会机构的政策。2020 年，根据市本级平台整合方案，该园区并入丽水经济开发区(挂丽景民族工业园管委会牌子)，作为丽水开发区下属的一个产业平台。但在具体实施中，若仅挂"丽景民族工业园管委会"牌子，而非保留"丽景民族工业园管委会"，在运行中会存在诸多掣肘。为此，应尽可能保留丽水经济开发区景宁民族工业园管委会机构。

(二)落实项目，破解民生发展瓶颈

一是尽快开展庆景青公路提升工程。庆景青公路事关景宁 80% 群众的出行，畲乡人民期盼已久，应尽早开工，并免除地方配套，地方承担的资本金望能由省财政统筹解决。二是加快温武吉铁路和南丽铁路前期项目建设。推动温武吉铁路尽早开工，并同步推进南丽铁路、丽云铁路前期谋划，圆云景两县人民的"高铁梦"。三是启动沙湾抽水蓄能建设项目。根据华东勘测设计院选址报告，沙湾抽水蓄能电站装机容量 120 万千瓦，投资估算 75 亿元。建成发电后，每年能为景宁提供 1 亿元以上的稳定税收收入。

(三)强化帮扶,提升基础设施建设

一是帮扶景宁优化城市基础设施建设。景宁是全省未通管道天然气的5个县之一,争取协调浙能集团和省天然气公司,尽早开工建设云和—景宁天然气管线。二是启动县城至澄照民族创业园第二通道和景均隧道(县城—大均)建设。这两个项目已列入县"十四五"规划,建成后将进一步扩大核心县城格局。三是申报省级未来社区试点。景宁应积极推进旧城改造(未来社区)建设,并争取资金、土地、政策等支持。四是建议尽快启动乡镇撤并帮扶政策。随着经济社会发展,偏远(小)乡镇人口外流严重,产业基础薄弱,发展潜力不明显,设置偏远(小)乡镇编制不利于全县长远发展,人力、财力等资源浪费严重。建议尽快启动乡镇撤并,提高人员、资源、财政使用效率。五是其他系列帮扶政策。如支持景宁享受西部大开发税收优惠政策、重大项目地方配套部分及亏损弥补由省财政解决、提高少数民族财政转移支付资金标准、对景宁执行差别化优惠财政政策、持续优化完善绿色发展财政奖补机制、加大千峡湖饮用水水源地保护资金投入等。

何阳宁　张礼聪　刘晓云

后　记

　　高质量发展建设共同富裕示范区,聚焦解决地区、城乡、收入"三大差距",率先解决发展不平衡不充分问题,对浙江而言,重点在山区 26 县,难点在山区 26 县,突破点也在山区 26 县。2021 年,省委省政府印发了《浙江省山区 26 县跨越式高质量发展实施方案(2021—2025 年)》,省社科系统也制定了《社科赋能山区 26 县跨越式高质量发展行动方案》。浙江省委党校作为省委重要工作部门和哲学社会科学研究机构,认真贯彻落实省委重大战略部署,切实发挥省重点智库作用,在成立省委党校共同富裕研究中心之后,又组织成立了浙江省山区 26 县党校智库联盟,开展协作与交流,积极推动山区 26 县党校在服务当地实现共同富裕新征程中进行理论和实践问题研究,积极推动山区 26 县党校科研、决策咨询水平的提高。

　　本书是浙江省山区 26 县党校智库联盟的重要研究成果,我们以务实的态度,采用研究现实问题、解决实践难题的决策咨询导向为写作体例,努力从特殊性中寻求普遍性,为山区 26 县跨越式高质量发展和全省共同富裕示范区建设赋能助力。组织策划编写过程中,省委党校校领导指导项目策划,审定编写方案,科研处、校院工作处组织实施,浙江战略发展研究院组织书稿的编辑修改。山区 26 县各党校认真贯彻当地党委政府决策部署,围绕中心,服务大局,组织精干科研力量,通过大量调研,深入分析县情,聚焦推进跨越式高质量发展战略举措、重点领域和方向、改革创新实践的重要载体,总结地方实践创新经验,研究跨越式高质量发展的新路径,撰写了初稿。省委党校范增钰、金国娟、王立军、范森凯、方跃辉、俞国军等人为本书的出版做了大量工作,在此一并表示衷心感谢!